书为2022年度辽宁省社会科学规划基金项目（项目号：L22BKS002）
习近平总书记关于防范化解重大风险的重要论述”的阶段性研究成果。

红动社区

扣好社区工作者的第一粒扣子

王大勇　主编

新入职社区工作者读懂「一活五动」就够了

中国出版集团有限公司
研究出版社

图书在版编目 (CIP) 数据

红动社区：扣好社区工作者的第一粒扣子 / 王大勇主编 . -- 北京：研究出版社，2023.3

ISBN 978-7-5199-1418-9

Ⅰ . ①红… Ⅱ . ①王… Ⅲ . ①社区—工作—能力培养—中国 Ⅳ . ① D669.3

中国国家版本馆 CIP 数据核字 (2023) 第 002185 号

出 品 人：赵卜慧
出版统筹：丁 波
责任编辑：朱唯唯 寇颖丹

红动社区

HONGDONG SHEQU

扣好社区工作者的第一粒扣子

王大勇 主编

研究出版社 出版发行

（100006 北京市东城区灯市口大街 100 号华腾商务楼）

北京建宏印刷有限公司印刷 新华书店经销

2023 年 3 月第 1 版 2023 年 11 月第 2 次印刷

开本：710 毫米 ×1000 毫米 1/16 印张：12.5

字数：153 千字

TSBN 978-7-5199-1418-9 定价：58.00 元

电话（010）64217619 64217652（发行部）

致读者

感谢你打开这本献给社区工作者的书。

如果你是刚入职的社区工作者，特别希望本书能为你扣好职业的第一粒扣子："一活五动"力求化繁为简，让你在社区治理的光荣岗位上一起步就能"顶天立地"，以你们的"七十二变"应对"九九八十一难"。

如果你是资深社区工作者，特别希望这本书能成为激发新的工作热情的催化剂：我们用创新的工作理念抛砖引玉，希望激发广大社区工作者在基层一线投身社区治理创新的新一轮实践。

如果你是社区书记，特别希望能多给本书提出宝贵意见，我们将围绕帮助社区工作者扣好第一粒扣子这一使命，深入听取汇总每一位社区工作者的意见和心声。

或者，你根本没有从事社区治理工作，那么我们也特别希望倾听你对本书的意见。没错，你是特别有发言权的，要知道，在推进基层治理体系和治理能力现代化的路上，我们都是"社区人"！

编委会

出版说明

社区是社会治理的基本单元，是社区居民的生活家园，是联系群众最直接、最频繁、最关键的治理场景。党的十八大以来，以习近平同志为核心的党中央把基层社会治理提升到新的高度。什么样的社区才是好社区？秩序与活力并重。疫情大考检验了党建引领基层治理的坚强有力、检验了社区工作者队伍的担当有为，也暴露了社区治理的短板弱项，例如危机面前组织群众、发动群众的能力参差不齐，群众自治参与程度不够、活力不足等。如何提高治理效能，既需要社区工作者更新认知，也需要迭代思维，更需要适配方法。

从陌生社会到熟人社区，从《关于加强基层治理体系和治理能力现代化建设的意见》到实践，党建引领的社区活动如何做到有效，课题以习近平总书记治国理政效能思想为指引，深入落实《关于加强基层治理体系和治理能力现代化建设的意见》，推进提高基层治理社会化、法治化、智能化、专业化水平，直面社区治理存在的问题，分析提炼社区治理创新实践案例，构建“一活五动”社区工作者高效能工作体系，推动社区治理创新。

中国社区发展协会　中国图书进出口（集团）有限公司

深圳搜社社区服务发展研究院　北京朝阳社区学院

2022 年 12 月

目 录

前 言

到社区去！到社区去！

2022 年，新年，深夜。

大连城区北部最大居住区甘井子区泉水街道，社区工作者们在经历了一个多月的奋战后，终于拿下又一次抗疫斗争的胜利。在复杂情绪中，他们等待着新一年的曙光。

千里之外的西安，社区工作者们正在与突发的疫情抗争：核酸检测、接送医护、现场组织、上协下调、上门送菜、收集垃圾……防控一线，唯有坚守。

在中国特色社会主义先行示范区深圳，社区书记们正在参加粤港澳大湾区物业管理改革创新研讨，提出居委会、业委会、物业管理委员会三方共治的新思路……

放眼望去，北京、上海、拉萨、西宁、南京、青岛、武汉、乌鲁木齐……

一边是社区工作者诉苦“我太难了”；一边是社区书记在疫情中与群众建立起深厚的感情。

这一年，他们拼过、累过、苦过；这一年，他们哭过、笑过、痛过。这一年，400 万社区工作者用牺牲和奉献演绎了太多不平凡的爱与温情。

这一年，习惯了常态化核酸检测的中国城市居民的习惯用语是“到社区去”；这一年，越来越多的中国青年把青春的战场转移到社区，青春何所为？到社区去！

习近平总书记说，社区工作是一门学问，要积极探索创新，通过多种形式延伸管理链条，提高服务水平，让千家万户切身感受到党和政府的温暖。带着问题导向，带着为社区工作者打造高效能工作体系的思考，重新回到中共中央、国务院印发的《关于加强基层治理体系和治理能力现代化建设的意见》对社区治理和社区工作者队伍的要求上来，我们原创提出了“一活五动”核心理论架构：

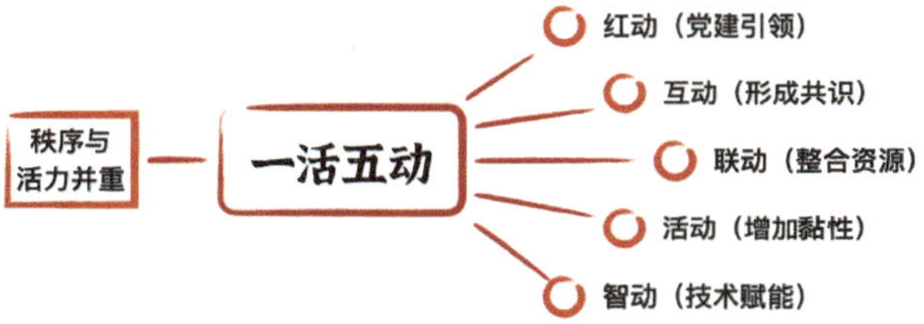

“一活五动”的价值在于：我们将许多社区业已形成的治理理论、方法和案例，集纳整合，梳理优化，既提升逻辑性，也推进实操性，从而解决认识问题、思维问题、方法问题，助力基层社区有效提高治理水平。

习近平总书记在 2022 年新年贺词里指出，大国之大，也有大国之重。千头万绪的事，说到底是千家万户的事。推进国家治理体系和治理能力现代化，社区治理只能加强、不能削弱。怎样让社区工作者从“七十二变”的无奈中解脱出来，从“八十一难”的困境中解放出来？群众呼唤的是充满活力的社区家园，社区工作者期待的是与社区居民的愉快互动。

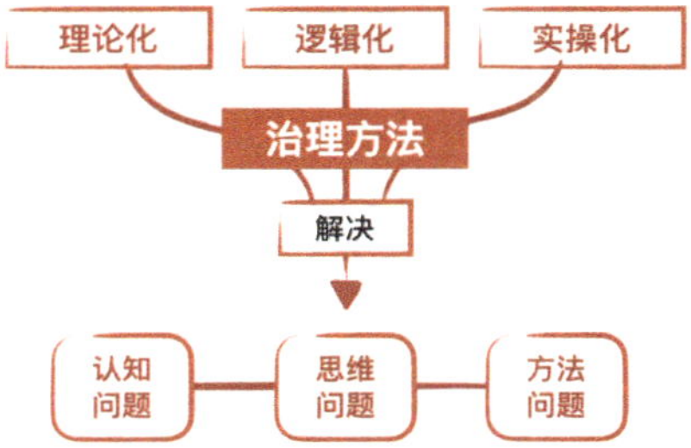

提高治理水平

建设专业化社区工作者队伍，你怎么想？推动社会治理体系和治理能力现代化，你怎么看？老百姓对社区工作者的期盼越来越高，你怎么办？

《红动社区》，帮助社区工作者扣好第一粒扣子。

红动社区

有你有他就有我，
遇到难题从不躲。
最美基层追梦人，
光荣社区工作者。

读书犹如解饥渴，
工作难免要割舍。
弯腰流汗苦耕耘，
付出总会结硕果。

一片爱心赤裸裸，
一门学问要探索。
一腔热血何所为？
满天星和一团火。

认知篇

阅读导入

和社区工作者对话，高频词就是“忙、累”。的确如此，身处社区工作一线，有一种状态叫“身不由己”。不过在社区治理进入精细化阶段，治理效果、效能成为考量标准的当下，社区工作者既要埋头拉车，又要抬头看路：我们真的了解自己的工作吗？我们真的了解我们的工作对象吗？我们从哪里来？要到哪里去？

要想了解你自己，最好问问别人——

问问同行：你们是怎么工作的？你们遇到的痛点是什么？

问问居民群众：我们的工作你们满意吗？在你们眼里，我们是什么形象？

问问物业管理委员会、业主委员会、辖区片警、街道等政府工作人员，还有与我们合作、参与共建共治共享的多方主体，他们认为社区工作需要怎么做？关键点在哪里？

认知，是社区工作者必须提升和改变的重要关键点。

社区工作者的认知真的需要提升和改变吗？是的，因为你的一些理解可能是错的——

一个新招录的社区工作者，已经工作 3 个月，老百姓一个也没见着，每天要做的全是报表、总结，他的认知就是“把给我的工作完成”。

这个“新手”新就新在没有搞清楚社区工作者最应该做的是“人”的工作，这项工作并不在报表里。想要“脱新”必须走近老百姓，了解老百姓的真实需求，为老百姓解决他们的急事、难事、愁事和盼望的事。

即使工作多年的社区工作者，面对诸如老百姓不同意在老旧小区楼外加装电梯等这样那样的矛盾，往往没能深度分析个中原因，却只会发出“老百姓工作不好做”类似的抱怨。

在社区，面对千头万绪的工作、千变万化的场景、千差万别的诉求，社区工作者的工作“千辛万苦”是常态，有时会无力、无奈又无助。

怎么办?

实际上，社区工作者最应该转变自己的认知、思维和方法。

想想看，是否你的工作并没有真正把握老百姓的需求、没有和群众达成需求共识?

习近平总书记指出，社区工作是一门学问，要积极探索创新，通过多种形式延伸管理链条，提高服务水平，让千家万户切身感受到党和政府的温暖。

社区如家

春风吹开遍地花，
花映朝阳漫天霞。
走在门前小路上，
心牵海角与天涯。

柴米油盐酱醋茶，
夫妻孩子爹和妈。
小事其实是大事，
每天早上要出发。

心血汗水浇灌它，
从来不求啥报答。
有缘花开永不败，
社区就是我的家。

认识到社区治理的重点是做好“人”的工作，才能抓住人心。

只有认识到在社区治理千头万续的工作中，关键抓手是党建引领、是构建熟人社区，才能从忙成陀螺的困境中抽身。

改变认知，从现在开始……

社区中国：“社区”的昨天、今天和明天

当你打开这本书的时候，可能就是你立志成为一名优秀社区工作者的开始。或许生活在社区里这么多年，你还没有思考过，社区是什么？我们和社区有什么联系？好的社区应该建设成什么样？但此刻开始，你将成为一名光荣的社区工作者。来，我们从弄懂社区来时路开始，走进这个了不起的岗位。

1887 年，德国社会学家滕尼斯在《社区和社会》一书中最早提出“社区”这个概念。① 他认为，社区是在同一地域里，由具有共同习俗和价值观念的人群组成的社会共同体；人们关系密切，守望相助，存在一种富有人情味的社会关系。随着工业化、城市化的发展，社区的含义已经发生很大的变化，社区这个概念被不断赋予新的内容。社区是社会的基本单元，是现代社会的基础，是人民群众生活的共同体，是实现人民群众自治的基层组织，承载着居民的各种权利和义务。②

20 世纪 30 年代，费孝通等学者把社区的概念引入中国。到了 20 世纪 80 年代中期，天津、沈阳、武汉等城市的民政部门与社会学工作者合作，开发各种公共服务，统称为“社区服务”，社区这个概念由书斋走向社会，成

① 罗向峰：《广州现代社区警务机制建设研究》，西北农林科技大学硕士论文，2013 年 5 月 1 日。

② 黄树贤：《奋力开创新时代城乡社区治理新局面》，《智慧中国》2018 年第 9 期。

为通用名词，得到社会的认同。[①]1991 年，民政部提出社区建设的设想，并专门召开社区建设理论研讨会，提出实行新社区制。1998 年，国务院决定把民政部原基层政权建设司更名为基层政权和社区建设司。[②]2000 年，中共中央办公厅、国务院办公厅转发了《民政部关于在全国推进城市社区建设的意见》，从此，我国社区建设进入了一个新的发展阶段，社区制在全国大中城市得到广泛推行，社区成为家喻户晓的概念，社区成为与广大居民生产生活息息相关的基层社会单元。

“社区建设，是我国现代社会的基本建设，是中国特色社会主义民主政治的重要组成部分。”[③] 虽然我国进行社区建设的时间不长，但是已经取得了很大的成就，构建了社区体制的基本框架，逐步适应了经济社会发展的需要。根据不同阶段社区的建设内容及特点，可将社区建设历程分为以下几个阶段：

社区服务阶段（20 世纪 80 年代中后期—1990 年）。这一阶段，社区建设以社区服务为核心。

社区建设试验探索阶段（1991—1999 年）。这一阶段，中国政府提出社区建设的概念，并开始进行社区建设。

社区建设全面深化阶段（2000—2009 年）。这一阶段，社区建设在全国范围内正式推广，社区建设的核心工作为创新社区管理体制、构建新的社区组织体系。

社区治理阶段（2010 年至今）。社区治理是社区建设的新阶段，是国家治理的重要组成部分。这一阶段，社区建设的重点在于构建城乡社区治理体

---

① 林哲：《我国城市社区治理运行机制研究——基于福州市的经验》，《海峡教育研究》2020 年第 1 期。

② 刘彦：《70 年中国基层社会治理的演进路径及经验研究》，东北师范大学博士论文，2020 年 12 月 1 日。

③ 王永平：《陆学艺的社会建设理论概述》，《探求》2013 年第 6 期。

系，提升城乡社区治理能力，打造共建共治共享的治理格局。

2012 年 11 月，党的十八大报告指出，要健全基层党组织领导的充满活力的基层群众自治机制。

2015 年 7 月，《关于加强城乡社区协商的意见》明确要“开展形式多样的基层协商，推进城乡社区协商制度化、规范化和程序化”。

2017 年 6 月，《中共中央、国务院关于加强和完善城乡社区治理的意见》指出，完善城乡社区治理体制。

2017 年 10 月，党的十九大报告提出，加强社区治理体系建设，实现政府治理和社会调节、居民自治良性互动。

2021 年 4 月 28 日，中共中央、国务院印发《关于加强基层治理体系和治理能力现代化建设的意见》（以下简称《意见》），提出力争用 15 年左右时间，基本实现基层治理体系和治理能力现代化。

通过梳理社区建设的历程，可以发现，“我国在社区建设中不断推动社区治理方式由政府管理向协商共治转变、社区服务内容由政务向居务转变、社区参与由被动向主动转变、社区联结由松散向紧密转变”①。这“四重转变”带给社区工作者的是社区工作能力的“四重考验”。怎样发挥政府的主导作用，用社区工作者的努力带动业委会、物业、社团组织、社工机构等实现协商共治？怎样提升我们社区服务的供给能力，更好地满足人民群众物质文化需求呈现出的多样化、多层次趋势？怎样更好地组织发动居民群众参与到社区共建共治中，激发居民自治活力？怎样让青年群体更深度地参与社区治理？社区工作者，准备好了吗？我们将以怎样的姿态迎接、应对居民需求“多样化”带来的挑战？怎样实现社区工作者能力建设的“四重提升”？

---

① 向德平、华汛子：《中国社区建设的历程、演进与展望》,《中共中央党校（国家行政学院）学报》, 2019 年第 4 期。

【从《意见》到实践】

重要节点：

在我国实现第一个百年奋斗目标，并向全面建成社会主义现代化强国第二个百年奋斗目标迈进的重要历史时刻。

方向指南：

《关于加强基层治理体系和治理能力现代化建设的意见》从完善党全面领导基层治理制度到加强基层智慧治理能力建设，对基层治理中的一些“痛点”问题，如基层减负、乡镇（街道）行政执法权等，都作出了明确规定。

《意见》着眼“十四五”时期发展目标直至2035年远景目标科学谋划、前瞻布局，深入贯彻党中央、国务院决策部署，加强基层治理顶层设计，聚焦群众操心事烦心事揪心事靶向发力、精准施策。“《意见》是近年来我国基层治理决策部署和政策文件的延续与强化，也是对近年来我国各地基层治理创新实践的提炼与总结。”① 在苏州大学社会学院副院长宋言奇看来，《意见》具有系统性强、可操作性强、回应“痛点”强等鲜明特点，将有力推动基层治理制度更加成熟定型。

社区工作者的时代画像

画像1：社区工作者——看我“七十二变”！

社区工作者，如果请你给自己画像，会是什么样？如果有一台“跟拍”

---

① 董凡超：《为推进新时代基层治理现代化夯实基础》，《法治日报》，2021年8月4日。

百万社区工作者日常的摄像机，镜头会记录下这样的画面：

七十二变

行如风来坐如钟，
七十二变孙悟空。
三头六臂打天下，
我与他人迥不同。

能讲那是基本功，
能走风雨也兼程。
能写小本全记满，
能干虎跃又龙腾。

其实我也很普通，
我的使命特光荣。
和平年代新战场，
走家串户亦英雄！

先说经典台词——“我太难了……”（至少重复三遍）
再启动循环造型——永远一路小跑……（我还可以）
配上凌乱画风——看我“七十二变”！（自动设置二倍速）

“七十二变”？社区工作者岂不就是“踏平坎坷成大道、斗罢艰险又出发”的“孙悟空”？

是的。疫情期间，在成都市一个普通小区，一位社区工作者在笔记本上总结了自己所承担的工作——

1. 摸排小区的所有出租户和外来人口，尤其是重点地区人员。
2. 摸排小区的实有户数，要精确到家里的每个人。

3. 摸排市级重点名单，完成其他与防疫直接有关的基础报表。

4. 动态更新人口数据。

5. 每天和街道开视频会议，汇报工作，领取新的任务。

6. 督促物业加强小区出入口管控，对辖区内公共部位进行消杀。

7. 登记口罩（需求量）并为全小区居民集中去药店购买，再挨家挨户上门送口罩。

8. 照顾居家隔离居民的生活。为他们送菜、倒垃圾、记录体温、做好台账。

9. 管理居家隔离居民，严防隔离期间私自外出，一旦发现立刻报警（后来有了门磁感应器，一旦监控到异常开门，会发送短信到社区干部）。

10. 照顾小区内的高龄老人、残疾人和其他特殊人群，不使他们因为疫情影响正常生活，包括但不限于电话慰问、买菜、配药、倒垃圾和送口罩。

11. 及时辟谣。针对事关自己辖区或兄弟辖区的不实流言，主动澄清，安抚居民的焦虑恐慌情绪。

12. 及时主动学习最新防疫政策。教育管理居民遵守特殊时期的政策，包括但不限于禁止扎堆、出门必须佩戴口罩、外来人员主动申报、不要聚集打麻将。对于屡教不改的，按照流程上报，情况紧急的报警。

13. 发放社区出入证。与门卫一起执勤，测体温，劝返外来人员与车辆，劝返无证但坚持要出门的居民，劝返不戴口罩出门的居民。对于无正当理由拒不配合工作的人员，视情况报警。

14. 完成一些与防疫没有直接关系，但又需要及时汇总的报表。

15. 妥善处理居民之间的纠纷，教育居民不能歧视往返疫情地区人员。做到科学防护，提防过度防疫。

16. 迎接各方面检查人员并按要求整改；接待审计人员。

17. 宣传防疫知识、国家政策，宣传政府的隔离政策，解答居民关于确诊、疑似病例社区管理的政策。做好微信公众号，及时发布社区最新消息。

18. 领取各类消毒防疫物资、宣传资料，合理使用，并做好台账。

19. 组织社区党员、楼组长、志愿者、普通居民开展各类基层防疫工作，包括但不限于执勤、巡逻、发口罩、清洁家园、关心特殊人群。

20. 配合社区医院、基层防疫部门工作，对接疑似病例、密切接触者。

21. 摸排家里有留学生和外籍人士的家庭，提前与他们取得联系，询问是否有归国计划。

22. 对于有归国计划的留学生、在外人员，亲自上门走访，查看其是否有符合市政府规定的居家隔离的居住条件，如实上报。没有条件的隔离人员，上级会在接到人以后，直接送去集中隔离。

23. 和公安、疾控、社区医院、街道一起，接境外归来的居民，坐专车回小区（没有宣布一律集中隔离 14 天时的操作方法），告知该居民居家隔离的应知事项和违反规定的法律后果。

24. 在楼组群内安抚因境外人士归来而有所担心的居民，正面回击一些明显带有歧视性攻击性的不理智言论，并及时准确回应居民的合理意见诉求。

……

24 项很多吗？不止于此。

在没有疫情的日子里，创建文明城市、创建卫生城市，整治环境卫生、捡拾乱扔的垃圾，涂抹小广告，施划停车线，清理楼道杂物，也是社区工作者；大事小情，邻里之间纠纷，垃圾乱堆乱放，暖气不热，燃气不好用，楼道灯不亮，但凡居民有点事儿，都找社区工作者；换届选举，人口普查，经济普查，煤气排查，火情险情，抗洪救灾，少不了社区工作者；逢年过节，站岗放哨，马路执勤，禁止居民上坟烧纸……都是社区工作者。

这些，对于社区工作者来说，也只是“冰山一角”。还有党建、工会、妇联、综治、网格、征兵、宗教、社保、低保、垃圾分类、残联和老龄……

大大小小的事务加起来，掐指一算，“九九八十一难”，一点儿不夸张。这每天都在考验着社区工作者的“七十二变”功力！

一个社区工作团队，少则几个人，多了也就十几个人，“小马拉大车”就是明晃晃摆在眼前的现实。

我是一名社区工作者，
但当有需要时——
我也可以是一名老师，
一位医生，
一个警察，
甚至是一个天使。
我是一名社区工作者，
但如果有需求——
我还可以是一把伞，
是一堆火，
是一座桥。
我是一名社区工作者，
如果困难重，
我必须要有超人的力量。
我是一名社区工作者，
如果需求多，
我必须要有分身的神通。
我是一名社区工作者，
但其实我就是一个普通人。
我是一名社区工作者，
其实我也不是普通人，

因为我们肩上有光荣的使命。

社区工作者创作的这首小诗，不是文学演绎，而是真实记录。是的，我们一直在埋头拉车，一辆重重的车。“七十二变”是一种担当。变的是身兼数职的角色，不变的是服务居民的本色。

习近平总书记在抗击疫情总结表彰大会上，既为党建引领下400多万名社区工作者在全国65万个城乡社区日夜值守点了赞，也要求补齐这场抗疫斗争中暴露出的国家治理体系和治理能力建设中的短板、漏洞和弱项。当人民对我们寄予更大期待，当居民在疫情防控中积淀的社区参与热情逐渐高涨，社区工作者是时候抬头看看路、思考一下：我们社区工作还可以怎样提质增效，“七十二变”能否有效化解这“九九八十一难”，让我们的社区治理效能更高？

画像2：社区工作者——看我实力“圈粉”！

如果请一位普通居民为社区和社区工作者画像，他的眼前会浮现怎样的画面？会不会和我一样：

疫情前——一片模糊，不太关心：社区什么样，社区工作者在做什么，做得怎么样，基本没印象，或者还停留在“小巷总理”就是走街串巷的楼长大爷大妈形象中。

疫情后——大不一样！一轮又一轮组织核酸检测这一项，就足以让我们对社区和社区工作者印象深刻，甚至更多的人对他们刮目相看、心怀感激。

一支小团队，像被一场“战役”激发了无限斗志一样，从组织群众、发动群众到宣传群众、教育群众、引导群众，全国400万名社区工作者分别在65万个社区一线，以防御者的战斗姿态牢牢守护千万家的平安。危难关头，

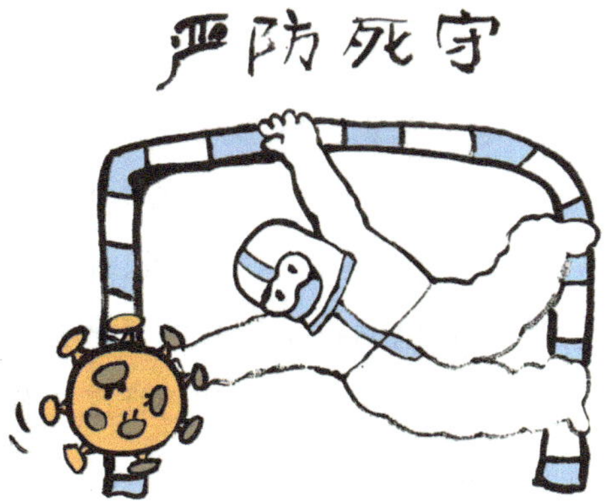

社区书记

时代舞台一场戏，
戏的名字叫抗疫。
形形色色演出来，
掌声送给好书记。

敏感话题不回避，
危急关头冲上去。
社区就是安全岛，
温暖姐妹和兄弟。

责任担当无人替，
深情厚谊总传递。
多少百姓变“铁粉”，
干群关系更紧密。

社区工作者“鲜活”起来了，社区和群众在一场命运共同体的战斗中产生深度互动，结下深厚情谊。

对比疫情之前的很长一段时间，社区工作者认为的“饱和治理”，居民的感受度却不高的情况，在疫情期间，使过去对社区工作者及社区治理工作知之甚少的普通百姓成为社区工作者的“铁粉”。

一场疫情都检验了什么是什么，让社区和社区工作者在疫情中实力“圈粉”？

担当

400 万名社区工作者在坚持党建引领的社区治理中冲锋在前，经受住了一场艰苦卓绝的历史大考，巨大努力换来重大成果。

效能

大部分基层社区组织群众、发动群众井然有序，工作有章法，群众满意度高，效能显著提升。

服务

践行“以人民为中心”，以居民群众需求为己任，第一时间解决群众急难愁盼的问题。

多方参与

疫情防控任务繁重，仅仅依靠社区居委会工作人员不可能完成。广大基层社区充分调动社会力量、居民群众及社会志愿者，共同参与，众志成城。

一场疫情，经常出现工作能力突出的社区工作团队的“圈粉”现场，是因为社区工作者的正义勇敢、“七十二变”技能，为民服务实实在在的工作，征服、温暖、感动了普通百姓的心。

这个过程中，要特别强调广大基层社区书记和共产党员的先锋模范作用。“让党旗高高飘扬在抗疫一线”是抗击疫情这场没有硝烟的战斗中最具感召力的口号。党员干部干出来，社区工作者队伍“活”起来，社区居民也跟着参与进来，线上居民社群里持续接力、互动充分；穿行在街巷楼宇之间的志愿者手持喇叭辛苦喊话；社区公共空间悬挂着接地气的标语。这场战役中，53 位因公殉职的社区工作者（截至 2021 年 6 月）中 92.5% 是党员[①]，一场疫情，把社区工作者和居民群众拉得很近，很紧。

疫情是一面镜子，既照出基层社区的众志成城，也照出社区治理的短板和治理团队能力的参差。社区社会组织参与社区治理的能力不强，社区志愿者群体亟待发展，具有应急反应功能的社会组织更是亟待培育。此外，居民在社区治理中的参与度也很关键，社会组织的活跃、志愿者的踊跃，靠的都是社区居民的参与。

硬核抗疫，实力“圈粉”。经历了这次刻骨铭心的全民抗疫，社区的概

---

① 央广网：《民政部：已有 53 位社区工作者在疫情防控中殉职　党员占 92.5%》，央广网，2020 年 3 月 9 日。

念已经深深地“刻”在了居民的心里。以居民生活需要为核心提供多方面的服务，努力实现居民与社区融为一体的社区治理最高境界，正逢其时。①

画像 3：社区工作者——看我年轻的战场！

以我“七十二变”闯关“八十一难”。

从疫情以来各地社区工作者大面积招录的情况来看，社区工作成为更多青年就业的选择，并获得了更多的社会关注目光，都将这个“超级战队”推到一个崭新起点令中国城市居民刮目相看：全新阵容，全新期待，全新使命，青春出发！

这是一个怎样的“战队”？

他们当中，有兢兢业业的“60 后”。

他们充分体现出了集体主义思维，识大局、顾大体，个人服从组织。爱岗敬业、任劳任怨。重视人与人之间的连接，喜欢和人打交道，很多事情最后都被他们归结为做“人”的工作。

他们当中，也有比较理性的“70 后”。

因为受过比较好的教育，他们常常会有自己的看法。对于传统思路、新潮思想，都会比较包容。责任心特别强，任劳任怨，喜欢到处参访，学习别人的长处。倾向于跟居民形成一种平等尊重的关系。比较重视科学治理模式的探索。

他们当中，还有被梦想、激情、想法、干劲激荡着的“80 后”“90 后”。

他们普遍接受过高等教育，鲜明特点就是敢想敢试。他们更重视工具法、工具包，喜欢项目创新。但是他们不愿意和居民当面打交道，能在网上聊的就不见面聊。

这支队伍在不断地能力重组。一支由 60 后、70 后、80 后、90 后乃至

---

① 杨龙：《从社区抗疫看社区治理现代化之路》，《国家治理》2020 年第 3 期。

青春战场

峥嵘岁月上战场，
几代新人在成长。
八零九零零零后，
名字一叫当当响。

理论实践有素养，
喜欢到处去参访。
聊天对话网如面，
奔走任他汗水淌。

再苦再累心情爽，
博士硕士也上岗。
事业天地在社区，
一颗红心献给党。

00 后融合而成的团队，更有战斗力。

在我们复盘社区工作者队伍构成特点的同时，也应密切关注这支队伍正在发生的变化，比如下面的几组数字。

第一组数字是全国 400 万名社区工作者奋战在 65 万个社区当中，冲锋在前，甚至有社区工作者因为抗疫工作献出宝贵生命，这其中 92.5% 以上是共产党员（以 2020—2021 年媒体报道统计为例）。在推进党建引领社区治理的进程中，党员是冲锋在前、身先士卒的。

第二组数字是同样在 2020—2021 年，社区工作者的队伍在不断扩招，全国所有的社区新招录人数大概 100 万人。通过专业机构报名参加社工资格考试 2 万人左右，较以往有明显增加，说明社区工作对人才的需求越来越大，同时也有越来越多的社区工作者有意愿提升专业能力。

第三组数字是在 2021 年，5 名博士、14 名硕士应聘社区干事引发舆论热议。高层次人才应聘社区干事，社区治理岗位成为备受关注的热门岗位。

倒下的，树起忠诚；跟进的，充满热忱。前赴后继的社区工作者们，在推进基层治理现代化的进程中，在这个平凡但越发凸显其重要性的岗位上为推动中国之治迈入新境界贡献自己的力量。到社区去，这里是属于时代青春年轻的战场！

【从《意见》到实践】

《意见》起草的原则之一就是坚持向基层放权、赋能、减负，持续纠治困扰基层的形式主义问题，让基层干部有更多时间和精力抓落实、强服务、促发展，切实提升基层综合服务、兜底服务能力。

如何落到实践？

《意见》着眼于及时、高效回应群众不断增长的美好生活需要，在制度、机制、设施、队伍建设等方面作出系统部署，切实做到居民有需求、基层有服务。在制度建设方面，《意见》提出要“研究制定社区服务条例”“编制城乡社区服务体系建设规划”“完善支持社区服务业发展政策”“推进社区服务标准化”。在机制建设方面，《意见》提出要优化乡镇（街道）政务服务流程，加快推行市域通办，逐步推行跨区域办理；加强村（社区）综合服务、兜底服务能力建设；强调“实施政府购买社区服务”“开展‘新时代新社区新生活’服务质量提升活动”。在设施建设方面，《意见》提出要推进城乡社区综合服务设施建设，将综合服务设施建设纳入国土空间规划。在队伍建设方面，《意见》提出要“加强城乡社区服务人才队伍建设，引导高校毕业生等从事社区工作”。同时《意见》还就建设开发智慧社区信息系统和简便应用软件，提升便民服务效能提出明确要求。[①]

① 李昌禹：《推进新时代基层治理现代化建设的纲领性文件》，《人民日报》，2021 年 7 月 13 日。

怎么样？全面加强制度、机制、设施、队伍建设，社区工作者，我们的“七十二变”，更将“法力”无边！

治理再出发：新社区，新挑战

社区是社会治理的最小单元，也是最活跃、最复杂的基层“细胞”。作为基层治理的“最后一公里”，社区是党和政府联系群众、服务群众的“神经末梢”。在城市化进程加快的背景下，社区所扮演的角色越来越重要，需要解决的问题越来越多，也越来越迫切。新社区，新在何处？

迎接挑战

世界每天都变幻，
时时都有新挑战。
几座大山压过来，
你会急得团团转。

问题解决多面看，
事物发展分阶段。
学习掌握绣花针，
观念跟着思维换。

党建本是加油站，
求快求稳不求慢。
只要初心依然暖，
春风又绿江南岸。

复杂“居民圈”，带来新问题

“各种情况都有啊，我们太难了……”这是社区工作者在常态工作中经常发出的心声。

2.5 亿，这是中国城镇流动人口规模。[①] 随着中国进入城市化、产业化的高峰期，高学历、高收入、高技能的“三高”流动人口比例逐年递增，低学历、缺少专业技能、低产业就业的“三低”也在加快流动。这样的人口流动、居住模式变革深刻影响和重塑城市社区的居民结构。在“相见不相识”的陌生人社区，社区治理更容易陷入困境。个性化需求越来越多、越来越高，造成社区工作越来越难、任务越来越繁重。

卞海虹，北京市海淀区羊坊店街道西木楼社区党委书记兼居委会主任。她所工作的西木楼社区有 1710 户居民，常住人口 4290 人，是个典型的复合型社区，辖区产权单位多、流动人口多、老年人多，违章建筑也多。由于没有专业的物业公司进行管理，社区停车困难、卫生脏乱、治安环境差，社会管理压力大。

做了 19 年的基层工作，卞海虹对其中的酸甜苦辣早已习以为常。“老街坊”越来越少，“新居民”越来越多，社区和居民的距离越来越远。

房子建得越来越高档，但封闭的院墙似乎也关上了社区与居民间交流的门。

居民构成越来越复杂，但素质不高的管理难，素质太高的又够不着……

沟通交流越来越困难，社区的事“70 前”的能配合，90 后、00 后不关心、不认同也不参与，社区对居民的诉求摸不着、对资源也抓不着……

疫情期间，社区与居民之间关系前所未有地紧密，但脱离了“防疫”这个大前提，此前建立起来的链接还能维系吗？群防群控机制又该如何转化为

---

① 齐明珠、徐芳：《城镇流动人口规模已达 2.5 亿　要更好把握新趋势》，《经济日报》，2018 年 5 月 3 日。

常态化的社会居民自治机制？

新社区，新挑战。

服务“商业化”，引发新矛盾

在商业物业飞速发展过程中，凸显出许多一时间还无法妥善解决的矛盾和冲突。物业企业有商业诉求，但居民业主维权意识更强。以前老小区对物业管理没要求，但现在却期望有超值的服务，在这个生态圈里，需求点改变、矛盾点变多。

社区物业服务管理，不仅对建设和谐稳定的居住环境、保障社区居民生活安全非常重要，也直接关乎居民的生活幸福指数。《关于加强和完善城乡社区治理的意见》把物业管理作为城乡社区治理的五个短板之一，要求通过改进物业管理服务来提高社区治理水平，正源于多年以来物业管理实践中产生的诸多问题和矛盾。

物业的“问题”需要关注，但物业对社区治理的“助力”作用也必须重视。**物业不仅是小区服务的提供者，也是社区治理的重要参与者和协助者。**优质的物业管理服务，是社区治理的助推器，能够助力社区治理的完善。但在现实生活中，一边是物业公司抱怨收益微薄，一边是业主对物业服务的不满，物管与业主之间的矛盾，似乎是永远解不开的结。

在社区治理实践中，**如何充分发挥物业管理与服务的优势，把物业作为提高社区管理能力、解决民生等问题的有效载体和可靠抓手，是当前急需思考的新问题。**

队伍“年轻化”，带来新挑战

“听民声、察民情、解民忧”是社区工作者的责任。在他们身上，每天承载着“张家长李家短”的生活琐事，肩负着社区居民的诸多期许。他们的工作，事小、复杂、烦琐，岗位小却责任大。

60后、70后、80后……一代一代的社区工作者更新迭代，各有不同。

记忆中戴着红袖箍的大爷大妈，习惯用脚步丈量社区土地，他们喜欢和居民“唠家常”，和老街坊一起抱抱孩子、拣拣菜……在这些亲密接触中，一步步树立了可亲、可爱、可信的形象；后来，人们印象中风风火火的大哥大姐，熟悉社区的大事小情，继承了上一代走街串巷的传统，对社区情况了如指掌，三言两语就能解决邻里之间的小问题，有事喊上一声，居民往往都能积极响应。

新一代社区工作者，多是90后、00后，他们学历高、思想新，有想法、有干劲，但缺少基层群众工作经验，“不会聊天”，“不敢敲门”，不愿意跟群众打交道，跟群众的互动效果差，好心办砸了事的情况也偶有发生。

社区的队伍变了，居民的要求也变了。以前社区需要传达的事，靠着老一代的社区工作者走街串巷地喊一声，或者楼长在居民间说一句，在单元门上贴个通知就行了。但现在新一代的社区工作者很多时候没机会进到楼道里，也很难敲开门和居民面对面。而社区需要传达的信息又太多，传统的信息传达方式效率低、时效性差，特别是社区居民逐渐年轻化，相比“面对面”更习惯“键对键”。

这些变化，都在给当前的社区工作提出问题：如何找到居民群众喜欢的沟通方式和对话渠道，掌握他们的真实需求，和他们真正走到一起？

党建“有缺位”，凸显新问题

在大是大非面前亮剑发声，在矛盾危机面前挺身而出，在急难险重面前迎难而上，去闯“矛盾漩涡”，去接“烫手山芋”，中国共产党的基层党组织、党员干部、党员总是带领人民群众战风险、渡难关的主心骨。

自党的十八大以来，社区在党建方面取得了快速发展，全面影响和带动了整个社区服务管理水平的提高。与此同时，社区党组织在服务管理过程中也存在着薄弱环节。“把党支部建在家门口，让党员回到群众中”，是打造社区治理新格局的迫切要求。

党员到社区，却“报而不到”。居民中很多党员干部把自己定位于单位党员，忽视了社区党员身份，到社区报到不及时，主动参与社区事务少，参加活动不积极。社区对在职党员的管理权限较弱，双重管理、监督激励等机制也没落到实处，党员的作用、党员的资源发挥极其有限。

党建触角延伸到社区，党旗也需要插到网格上。网格化管理，党组织不能缺位。如何做到在群众有需要的时候，就有党员的身影？如何做到在急难险重面前，总有社区党员挺身而出？这些都是社区在现实中遇到的难题。一边是社区苦恼党建工作难开展，党员活动难组织；一边是很多社区党员不知道自己的组织关系在哪挂靠，到哪去参加组织生活。

如何让社区党组织“活”起来，让社区里的党员“动”起来，成了社区书记提高党建工作成效的关键。

“没人、没资金、没资源、也没有权力”是压在社区书记身上的几大难。违停、违建等这些老百姓遇到的糟心事，会第一时间向社区反映，但社区没有执法权，根本无力解决。**不被理解、不被尊重，不为人知地默默付出，社区工作者很累、很难、很委屈，于是他们常常感叹：“我太难了！”**

事物总有两面性，复杂的居民构成背后是资源的多样性，不同身份、不同背景的居民在社区治理中能找到不同位置，发挥不同作用；社区队伍年轻化，脑子更加灵活，更擅长做线上群众工作，跟社区里的年轻人也聊得来；社区生态多元化，物业、老百姓虽然都有自己的想法，但在解决矛盾与问题过程中，既隐藏冲突，也蕴藏新的力量。

社区治理不是靠一己之力，而是必须联动社区资源，用绣花针精神，“绣”好精细化管理的同心圆，让无数可能的探索变换成一根绣线，一针一线，穿透顽疾，破解难题。特别是要用好居民共治自治这根“绣花针”，让社区管理和服务的每一针、每一线都对准居民需求。切实将国家的宏观战略落实到社区的微观单元，通过社区和居民共建共治共享，打造健康邻里关系，建成社区可持续发展生态圈。而激发社区居民自治活力、实现社区管理服务的入情入理的背后，需要思维的转变，方法的总结与提炼。

抓党建就是抓关键。从抓好基层党组织建设入手，从党建带群建起步，让党员冲锋在前的活力辐射带动居民自治的动力，让基层党建在社会治理中真正发挥统领作用，切实提高基层党建有效性。

怎样把“问题清单”变成“成绩单”

在本书编撰过程中，主创团队展开大量调研。其中一项重要调研就是倾听各位社区书记对当下基层社区治理的意见建议。

“街道对社区的考核机制还有待完善，不该因为一些不合理的投诉就对社区扣分。”

“八十一难”

人在社区不怕难，
“八十一难”只等闲。
吐槽之后是点赞，
问题变成成绩单。

没有妙药与灵丹，
只有情愿与心甘。
一件一件认真做，
一人一人慢慢谈。

家长里短苦还甜，
人间烟火美无边。
小事其实是大事，
咱们都是勤务员。

“希望街道下发任务时，可以明确工作任务，不要只当二传手。”

“希望可以减少会议或者缩短会议时间。”

……

社区是基层治理的“最后一公里”。面对繁杂的工作任务，如何让社区组织真正“轻装上阵”？我们的调研逐渐“话风突变”，一场辛辣十足、直指基层社区治理中工作矛盾的“吐槽大会”拉开了帷幕，这让我们感受到的不是社区书记的埋怨、抱怨，而是肩扛责任的担当意识和让人眼前一亮的“人间清醒”。

问题是时代的声音。在这场跨地域的“吐槽大会”中，社区书记眼中哪些问题最集中？哪些问题是社区治理中的“老大难”？不同社区面对的问题有什么异同？不同社区书记的眼中，解决问题的思路和办法有什么值得相互借鉴之处？通过汇总梳理这些社区书记“吐槽”的问题清单，我们可以更加真实地感知社区治理的困境与重点难点。

这 109 个问题，是每个社区书记都可能面对的“老大难”，是各个社区普遍存在的共性问题。因此，它们常常出现在每一个社区书记的工作备忘录里。老百姓经年累月地提，社区经年累月地解决，问题经年累月地出现。

基础管理类	构建熟人社会类	新协作　新困境类
1. 小区监控使用权利受限、利用率极低 2. 人脸识别门禁系统涉嫌侵权被抵制 3. 老旧小区停车位资源极度稀缺 4. 停车位权属、管理收费标准之争议 5. 保安人员严重高龄，形同虚设 6. 公共绿地长期被私人占用，无法收回	1. 小区社群运营尴尬 2. 小区微信群里，要么无人言，要么众抱怨 3. 社区 APP 服务响应冷落 4. 宣传内容千千万，信息推送没人看 5. 大龄未婚现象突出 6. 人员流动大（租户）、底数难摸清、追踪难度高 7. 老年人对手机等软件操作需要辅导	1. 商业服务进社区，相关权益法规模糊 2. 购买第三方服务，质量堪忧 3. 高价打造的公共空间复合使用率低 4. 高学历人才挤进社区，实践经验不足 5. 商业资源想进社区，社区不知如何用来为民谋福利 6. 开在社区的养老驿站消费不够，只能靠政府补贴

续表

基础管理类	构建熟人社会类	新协作 新困境类
7. 违法建设既成事实，若无买卖拆除极难 8. 垃圾分类名不副实，混装混运死灰复燃 9. 养犬纠纷不断升级 10. 快递入户，人、货的安全隐患难除 11. 文体健身活动扰民由来已久 12. 老旧小区安装电梯共识难 13. 老旧家具“死无葬身之地” 14. 一刻钟便民服务圈落实不到位 15. 快递最后 100 米，不入户，老人不方便取 16. 共享单车占道 17. 盲道被侵占 18. 电动车充电桩没有全覆盖 19. 儿童娱乐运动场地匮乏 20. 孩子放学之后的托管问题 21. 物业不作为业主投诉多 22. 建筑工地噪声扰民 23. 装修噪声引发邻里纠纷 24. 群租、合租扰民 25. 游商小贩扰乱城市环境秩序 26. 居民防灾减灾意识弱 27. 急救意识薄弱 28. 老旧小区基础设施差，想要增设没人出钱 29. 物业缴费难 30. 一到供暖季，投诉就爆炸 31. 楼道堆物堆料“屡禁不止” 32. 高空抛物纠纷依然存在 33. 楼道被小广告侵占 34. 小区流浪猫狗问题	8. 空巢、失独老人居家安全隐患突出 9. 邻里纠纷问题 10. 家庭矛盾问题 11. 居家养老难 12. 青年党员参与活动不积极问题 13. 社区活动难创新、难出彩问题 14. 邻里互信、互助渠道建设难 15. 进城“助小”老人社交难 16. 新业态人口如何融入本地生活 17. 公益活动创新难 18. 社区活动已经成了“社区演员”小聚会 19. 社区课堂无人值守，有名无实 20. 年轻人：家园建设也关注，了解渠道太有限，活动都在工作日，参与门槛实在高 21. 居委会与居民脱节，疲于应付指标任务 22. 社区活动参与人群以老年人居多 23. 中青年不关注社区建设 24. 楼门文化中，如何实现最广泛的动员，增强自治 25. 一年活动上百场，参与者都是老面孔 26. 社区中青年人口如何对社区家园产生归属感，从而参与社区建设	7. 业委会、物业、居委会合作难 8. 哪些事归物业管，业主大多不清楚 9. 高档辖区“门难进”问题 10. 业委会人选产生难：无人志愿 11. 志愿者队伍后继无人 12. 社区经费进出难 13. 处理噪声扰民等邻里纠纷，虽法律规定并非空白，但居委会、物业、派出所三方也只能调解，往往力不从心 14. 物业动用维修资金咋就这么难 15. 老年公益食堂无利可图，难以为继 16. 不作为、难作为的物业公司难退出 17. 志愿者参与人群中青年群体缺乏 18. 社区公益活动不能链接“志愿北京”积分 19. 社会单位等资源盘活较弱 20. 志愿者：站完防疫、站桶站、站完桶站搞人普，年年要求讲奉献，参与动力真不足 21. 在职党员：工作单位当大拿，练就一身好本领，每次社区来报到，只能参与大扫除 22. 社区图书室等场所开放率低 23. 社区寒暑假实践活动质量不高，连续性低，如何“留”学生

续表

基础管理类	构建熟人社会类	新协作　新困境类
35. 活动空间有限，各年龄段人群的需求不一，易产生矛盾，例如，篮球场、乒乓球台等小区活动场地大家抢着用 36. 楼道防盗门“只开不关”成摆设 37. 建筑装修垃圾随意堆放无人清理 38. 老旧小区飞线、蜘蛛网又丑又乱 39. 老旧小区房屋漏雨、路面坑洼、下水道堵塞等问题 40.“上面千条线　下面一根针”社区任务重、压力大问题 41. 公共空间如何姓公不姓私		24. 物管会建成率高，解决问题的能力和积极性偏低 25. 老旧小区如何准物业化 26. 村镇的社区化及城镇化进程，思想城镇化如何与组织的城镇化同步 27. 基于疫情常态化，社工队伍如何减压，增强职业认同 28. 社工队伍的职业发展道路如何破题 29.“12345”环境下如何大数据化，从众多诉求中找到可复制的经验和方法 30. 新时代文明实践站如何有站有实 31. 从社区封闭管理，如何看智慧社区发展 32. 社区线下空间如何与线上培育实现 O2O 33. 社区边角地如何实现社会动员化使用 34. 本地文明如何量化评估 35. 老旧小区改造中的民意立项 36. 垃圾分类中社会力量的自体系监督 37. 社区人手不足、能力参差不齐问题 38. 自身晋升瓶颈问题 39. 文体团队活动场地不足、没有经费问题 40. 物业、辖区企业参与共建积极性不高问题 41.“每日打卡”与“急难险重”不断冲突 42. 商户不履行门前三包问题

有了问题导向，才能靶向治理。对问题进行系统的梳理，细化分解，我们就逐渐厘清了社区治理中的困境与难点，社区书记吐槽的109个难点问题，恰恰也是事关百姓民生的家长里短，是考验社区治理能力的现实考卷，我们将从这里带领社区工作者一起充分认知居民需求，充分感知新时代新社区对社区治理的新要求。

问题多了，并不代表治理能力水平滞后，这是社区治理进入精细化治理阶段的突出体现。只有进入深度治理阶段，这些问题才能常常被我们关注到。然而，社区书记们共同抛出的这109个问题，是要一个一个解决，还是可以找到什么内在底层逻辑，化繁为简，接下来就让我们共同探讨，看看能否找到更科学有效的工作路径，把问题清单变成成绩单。

【从《意见》到实践】

如何减轻基层负担？

近年来，习近平总书记多次就解决困扰基层的形式主义问题，切实为基层减负作出重要指示批示，在中央办公厅统一部署下，各地持续推进减轻基层负担工作，取得明显成效。《意见》坚持问题导向和目标导向相结合，加强制度建设和日常约束，促进权责利和人财物对称向基层下沉，提出了一系列工作举措。

在总体要求上，提出了“向基层放权赋能，减轻基层负担”的工作原则。在准入机制上，要求“市、县级政府要规范乡镇（街道）政务服务、公共服务、公共安全等事项”，“市、县级政府要规范村（社区）公共服务和代办政务服务事项”。在考核制度上，专设“改进基层考核评价”一章，首次明确了“未经党委和政府统一部署，各职能部门不得将自身权责事项派交乡镇（街道）、村（社区）承担”的制度。[①]

社区是社会治理的最小单元，也是最复杂的基层“细胞”。为基层减负，让基层细胞真正活跃起来，党和政府联系群众、服务群众的“神经末梢”才能更敏锐。

为社区书记敲黑板：社区治理的硬核考验

社区治理，关键在党

在社区调研采访，一个有意思的发现是，凡是社区党建做得好的，社区的共建共治共享效果往往就会好。

区域化党建是北京知春里西社区党委的重点工作品牌，他们依托党建协调委员会进行智慧养老、认养绿地责任区、开展青少年教育保护活动等，为社区治理增添了活力。这其中，社区党员、驻区单位党员都发挥了很大的作用。社区书记王佳妮说，社区党建就是一个大舞台，但这个舞台不是让社区书记唱独角戏的，社区党委需要把社区各类资源、各个主体都调动起来，让每一个人都实现自己的价值，形成一个大合唱。

北京美丽园社区是北京第一家成立业委会的小区，也是北京市首例业委会作为原告起诉且打赢物业费官司的小区。社区书记贾玉梅说，群众对党组织信赖，一个是因为对社区书记有了解，另一个就是看身边的党员是否发挥了榜样的力量，这样才会“圈粉”，如果社区书记有“铁粉”，社区党组织有“铁粉”，党建引领社区治理怎么能做不好呢？

和许多社区一样，停车难也是北京兰园社区的“老大难”问题。怎么解

---

① 推进新时代基层治理现代化建设的纲领性文件——中央组织部、民政部负责人就印发《中共中央　国务院关于加强基层治理体系和治理能力现代化建设的意见》答记者问，中华人民共和国民政部网站，2021 年 7 月 13 日。

三个关键

关键在党看党员，
总把使命担在肩。
领唱一首大合唱，
团结协作谱新篇。

核心是人人要黏，
熟人亲热邻里间。
走看听问办和带，
画出一个同心圆。

主导还要看中坚，
地气接了天线连。
美哉社区工作者，
“小巷总理”冲在前。

决？社区书记于丽丽信奉一个理念，那就是不知道怎么去要求别人的时候，先做好自己，发挥党员的先锋模范作用。通过党员骨干带头搭建起的“社区参与式协商治理模式”，发动居民参与问题梳理和解决，搞出了一个“社区大脑”，专门解决急难愁盼。看到一面正能量的旗帜，老百姓就会有主心骨，就会成为贴心人。

《意见》对基层治理体系和治理能力现代化提出了具体要求。加强党的领导，推动党组织向最基层延伸，健全基层党组织工作体系，是社区治理的坚强保证。2020 年 7 月，习近平总书记在吉林考察时指出，一个国家治理体系和治理能力的现代化水平很大程度上体现在基层。社区党建是社会治理的基础，是社会长治久安、人民群众安居乐业的前提。

近年来，各地围绕“推动党组织向最基层延伸、健全基层党组织工作体系”进行了积极的探索，也积累了一些经验。但从总体上看，社区党建仍然存在一些共性问题。

缺少阵地意识，只有流水的兵，没有铁打的营盘。在规划社区空间的时候，没有考虑社区党建需要，既没留出线下党建活动场地、没有建立党群服务中心，线上党建工作也存在空白。

存在“党员空挂、组织空转、党建虚抓”等问题。一些社区党组织的角色意识模糊，党建工作淹没于繁杂的社区事务之中，还停留在“开开会、读读文件”的摆样子层面，形式化现象突出。

没能将党建工作和社区治理实际做有效的融合。很多社区书记在面对困难的时候，总想的是具体的问题，这件事要怎么办，没能将党建作为攻坚的法宝。有的社区关起门来搞党建，党建与社区治理缺少联系，没把党建作为党联系群众的灵敏触角，忽视了党建对社区治理功能的作用。

党的工作最坚实的力量支撑在基层，最强大血脉、最活跃源泉也在基层，经济社会发展和民生最突出的矛盾和问题也在基层。如何以党建为引领，立足社区实际，把党建工作融入为民服务的日常工作，是社区工作需要思考的问题。如何推动党建网格全覆盖，把党建触角延伸到基层的最末梢，实现党员群众良性互动，展现基层治理新活力，也是社区工作者必须面对的问题。

社区治理，核心在人

“你认识你的邻居吗？”

在市场经济浪潮的冲击、城镇化改革的推动、老城区改造的变迁等多种因素的共同作用之下，当前中国的城市社区大多都是“陌生人社区”，居民流动性大，身份、利益、文化观念、生活方式等复杂多元。

社区文化的缺失，邻里关系的淡漠，一方面给人们带来了自由和隐私，另一方面也使社区居民彼此之间缺少认知上的交集。

过去在农村，家族因素、地缘因素很容易让大家成为互帮互助的一个整体。搬进城市小区后，开放的院落空间变成了高层建筑里的格子间，大家对社区的认同感、归属感不强，很难再有“远亲不如近邻”的认知。

习近平总书记指出，加强和创新社会治理，关键在体制创新，核心是人，只有人与人和谐相处，社会才会安定有序。一方面，社会管理由单位管理转为社区管理的趋势日益凸显；另一方面在管理主体上，新的形势对社区“两委”的职能也产生了新的要求，这就要求管理主体必须适应新形势新阶段推进社区治理的发展需要。

怎样做好“人”的工作？北京市海淀区中关村街道东南里社区书记曹红莉总结了六个字：“走、看、听、问、办、带。”

走，就是走出去。走出办公室，走进社区，才能全面了解所在社区，掌握第一手资料，做到对所在社区的人、地、物、事、情、组织全面了解。因此有人总结，如果一个社区书记认识的社区居民不足30%，那恐怕不能算作一个好的社区书记。

看，是对社区党组织书记和社区工作者洞察力的培养。要具备深入事务或问题的能力，要做个有心人，体恤群众的烦心事、闹心事、难办事。对特殊人群、重点人群多加关注。

听，就是要听民生、知民情。通过倾听沟通，了解群众需求，排查各类矛盾。做个有心的听众，用心感受居民的疾苦，成为居民群众的贴心人。

问，就是问民需。问情于群众、问需于群众，也问计于群众。带着对居民群众的真诚关切，和居民群众交流，赢得居民群众的信任。

办，就是办实事。为民办实事、办好事，解决群众的操心事、烦心事是社区党委的职责，认真高效为群众办事，群众就会把我们记在心上。

带，就是通过组织活动互相带动。活动是最好的黏合剂，能把社区里的陌生人变成熟人。通过组织邻里节、文化节等各种活动，把社区居民之间的陌生感消除掉，增进彼此的互信了解，让社区真正成为居民共同的“家”。

“路不拾遗、夜不闭户”是古人寄予生活空间的理想；“远亲不如近邻”是古语中邻里关系的理想；“千金买宅，万金买邻”是祖辈相传谚语中邻里之情的理想。而今天，一个“大事小事有人管、居住安全有保障、邻里和睦互帮衬”的社区，则是我们追求幸福生活的理想。熟人社区治理模式的运作逻辑，不是通过行政力量强行将社区居民联结在一起，而是每个社区居民在自身需要的基础上，基于认同、互信、互利，主动且自愿友好联结与有效互动，从而形成高效、务实、低成本的社区治理共同体。目前基层社区治理大都面临居民参与不足的困境，与陌生人社区相比，熟人社区居民对于社区自治和自我管理、自我服务的意愿通常更为强烈，上海疫情中各个居住区的“团长”的出现就带动了居民自治的活跃度。

怎样重回熟人社区？如何将“陌邻”变成“睦邻”？社区治理，从做好“人”的工作开始。

社区治理，执行在社区工作者

在推进基层社区治理过程中，社区工作者扮演着众多角色，既是行政者、指导者，也是沟通者、执行者……他们是整个体系不可或缺的中坚力量，是国家治理体系和治理能力现代化进程中的推动者和见证者。

“上面千条线、下面一根针”，党建、工会、妇联、综治、网格、征兵、宗教、社保、低保、垃圾分类、残联和老龄……社区工作者的千头万绪，诠释了社区生态的全部。“小巷总理”上接政府，下连居民，既“连天线”又“接地气”，是整个社区治理体系中不可或缺的重要一环。他们工作在街头巷尾，负责的事情杂七杂八，是社区里的守护者：为居民的日常生活排忧解难，向居民传达最新的国家政策……统筹协调忙里忙外，他们是社区当之无愧的“大管家”，也是中国基层治理最重要的实践者。

细数社区主要工作职责，至少包括以下几部分。

1. 宣传宪法、法律和国家的政策，维护居民的合法权益，教育居民依法履行应尽的义务，开展多种形式的社会主义精神文明建设活动。

2. 努力办好辖区居民的公共事务和公共事业。

3. 调解好民事纠纷，促进居民内部的团结友爱、互帮互助。

4. 协助有关部门维护社会治安，确保辖区的安定团结。

5. 协助上级政府和街道办事处做好与居民利益有关的公共卫生、计划生育、优抚救济、青少年教育、敬老爱幼等工作。

6. 组织社区居民积极参与辖区的各项自治活动。

7. 组织社区便民月服务工作，为市民排忧解难。

8. 负责向上级政府和街道办事处反映居民的意见、要求，并提出建议。①

社区工作者的运行职能至少涵盖民主自治职能、社会服务职能、教育文化职能、卫生环境职能、社区治安职能、社区党建职能等，具体服务内容包括为老人服务、社会保障服务、优抚服务、为残疾人服务、安全防范服务、卫生保健服务、为青少年服务等，做到“民思我想、民困我帮、民求我应、民需我办”。

社区有大有小，居民有多有少，少则数千，多则数万，一个社区犹如一个大家庭，社区工作者权力不大、管事不少，他们奋战一线，默默奉献、无怨无悔，是这一大家庭中的当家人，是居民的主心骨。特别是抗疫以来，社区的发动力、组织力有目共睹，社区工作者们让居民刮目相看。他们毅然站在了社区抗疫最前线，牢牢守住了千家万户的平安。

党的十九大报告中指出，要“打造共建共治共享的社会治理格局”“推动社会治理重心向基层下移”。社区工作者是社会治理和基层建设的骨干力量，建设一支素质优良的专业化社区工作者队伍，是深化党建引领基层治理的重要保障。各地认真贯彻落实《关于深化城市基层党建引领基层治理的若干措施（试行）》要求，从社区工作者选聘、激励保障、培养锻炼等方面强化措施，着力壮大城市基层党建和基层治理骨干队伍——

广西壮族自治区采取公开招聘、选任等方式充实专职化城市社区工作者队伍，明确公开招聘标准，根据社区规模、人口数量、管理事务等因素和有

① 何水、朱宏寨：《社会变迁中的城市居委会建设》，《中共成都市委党校学报（哲学社会科学）》，2002 年第 2 期。

关要求，灵活设置队伍数量；河南郑州市二七区突出“年轻化”“专业化”导向开展公开选任，按照“区招、街管、社区用”的要求，面向社会公开选任140名社区干部；黑龙江绥化市北林区按照每个社区300户至400户常住人口配备1名社区工作者的标准核定名额，通过在社区“两委”成员、政府购买服务人员中选聘和在街道人员中选派等方式，配备社区工作者448名。

各地正在通过完善激励保障制度，建立健全晋升发展渠道，提高岗位吸引力，激发社区工作者干事创业热情；通过加强培养锻炼，把好履职“能力关”，提升队伍履职能力——

浙江杭州市市、区（县市）、街道（乡镇）三级联动，打造12家社工学院和实训基地，发挥省市级“治社名师”专业优势，开发雏鹰计划、社工优才营、特色工作坊等互动培训课程，深化社区服务技能“对口学”“跨市学”；辽宁阜新市海州区坚持下沉和“请上来”相结合，成立专班直插街道社区，依托“一网五平台”综合指挥中心开展“带徒式”观摩培训，引导社区工作者进入工作角色；广西北海市海城区用好“老书记工作室”，建立“老书记”储备库，遴选“资深”老书记148名，对新招聘入职的198名社区工作者进行“传帮带”；安徽黄山市屯溪区倡导鼓励社区工作者参加社会工作师职业资格考试，对取得资格证书的136名社区工作者给予职称津贴，提高社区工作者队伍职业化水平。①

本篇小结

小社区，大民生。随着社区居民的构成以及居民对生活的需求日益多

① 仲组轩：《建强骨干队伍 赋能社区治理》，《中国组织人事报》，2022年6月20日。

元，如何做好群众工作、以社区党建引领社区治理，如何通过社区发展治理促进城市经济社会发展、满足人民群众日益增长的美好生活需要，是当前社区工作者需要破解的重大课题。[①]

若想打通服务群众的"最后一公里"，就得解决好群众的操心事、烦心事、揪心事。

可林林总总的109项难题，社区工作者到底应该怎么办？

一个"干"字

真心想干分阶段，
埋头苦干肯流汗。
真抓实干勤动脑，
秩序活力手中攥。

红动党旗冲霄汉，
互动共识金不换，
联动携手整资源，
活动跟着智动转。

"一活五动"总相伴，
心有灵犀不会乱。
梦想成真一个字，
干就完了都点赞。

一个字，干！

既要想干、积极干，又要能干、会干，千万不能瞎干、蛮干、乱干。

"一活五动"高效能工作体系，帮助社区工作者找到"巧干、实干"的答案。

---

① 宋贵伦：《以社区党建引领社区治理》，《经济日报》，2020年3月31日。

思维篇

阅读导入

社区治理困境背后是社区工作者的工作困境。破解困境的起点从改变思维开始。

《思维篇》从管理学、心理学、社会学等方面，提炼出对社区工作者有借鉴价值高效能工作体系，确保好用有用的思维方式，通过分享跨领域、跨行业的思维理论与实践，以他山之石为社区工作者攻玉，用思维方式的改变推动社区治理效能的提升。

思维模式

头脑风暴海风吹，
上下求索梦可追。
山穷水尽疑无路，
一扇大门众人推。

循规蹈矩懒思维，
南辕北辙去又回。
他山之石可攻玉，
换位思考不吃亏。

管理服务两相随，
服务用心要细微。
头脑打开新思路，
行动展翅纵情飞。

服务思维：公共晾衣架与稻盛和夫

一个长达 13 年的“不理解”终于被“理解”了！

公共衣架

六百多户居广厦，
乱拉乱晒又乱挂。
千家万户盼阳光，
安了公共晾衣架。

日航破产人待嫁，
古稀老人创神话。
扭亏为盈仅一年，
世界全都很惊诧。

两个例子意义大，
转变思维一步跨。
服务应知民所需，
民字就如妈和爸。

2019 年 7 月的半月谈网刊载了一篇短文，说的是社区安装公共晾衣架的事情。

苏州市相城渭塘镇有个翡翠家园西区，入住的 600 户居民大多是动迁安置户。“居民们习惯在院子里晾晒衣物。为了提升小区环境，物业对居民乱拉、乱挂、乱晒衣物等情况进行了制止，致使物业与居民之间存在不理解。”

经查，这个小区于 2006 年建成。从理论上说，这种“乱拉、乱挂、乱晒衣物”已经存在了十几年。而报道中“不理解”三个字的背后想必有居民的抱怨与小区管理者的无奈拉锯了十几年。

文章介绍说，2018 年，翡翠家园社区党支部积极利用“翡翠议事厅”平台，专题调研讨论解决这一难题。结局很完美：在小区楼与楼之间设置尽可能多的公共晾衣架。“小区道路更加畅通，路面更加整洁了。”

文章没有过多地叙述“整改”过程。但常识告诉我们，一项涉及 600 户居民积习的整改会是多么艰巨！可以想象，潮湿多雨的南方小区，居民对阳光的渴望该有多么强烈！尤其是在阴冷的冬日，干爽的衣被简直就是一种奢侈。但整齐划一的小区景观，通畅安全的交通环境，还有低层住户的合理采光则是管理者必须保证的行政职责。

一个长达 13 年的“不理解”终于被“理解”了！原因是什么？

冲突多多，却各有道理。打开“不理解”这个死结——在解决安置户的“习惯”与小区管理的规范之间，他们一定付出了艰辛繁复的努力。而这一坚持不懈的“整改”之所以能够成功，其核心一定是管理者思维方式的转变和管理手段的更新。

转变！转变思维，转变立场，转变态度，转变方法。其中，思维方式的转变尤为重要：从循规蹈矩的行政思维，转变为主动作为的服务思维。

转变有多痛苦，结果就有多幸福。

从“利他思维”到“服务思维”

有一个日本老人的故事，值得社区工作者借鉴思考。

2010 年 1 月，日本航空（简称日航）宣告破产。这家曾经的日本具有代表性的著名国际企业，负债高达 23221 亿日元，是日本战后破产企业中最大的实体企业。

在日本首相的恳请下，已经 78 岁的稻盛和夫接手日航。仅仅一年之后，这家破产的巨人竟然创造了 1884 亿日元的营业利润，这也是它有史以来获得的最高成绩！而两年后，这一史无前例的业绩被改写为 2000 亿日元！成为全世界利润最高的航空公司之一。[①]

这无疑是一个奇迹。全世界都在问：稻盛和夫，一位高龄老人是怎样做到的？

转变。按照稻盛和夫的说法，当年的日航因为是“国企”，员工自豪感、优越感有余，责任意识、服务意识低下。于是，老人家用他的“利他思维”从上到下彻底扭转了“企业文化”。

服务思维的核心是为他人提供帮助，帮助他人解决问题。服务思维的本质是尊重人，把满足用户需求、为人民服务放在首位，提倡爱与奉献。与之相对应的“行政思维”总体上说是一种等级思维，以完成上级指令为先导的行为准则。

有一部老电影——《满意不满意》，是个喜剧。写的是“得月楼”饭庄一名服务员思想转变的过程。这部片子讲了一个道理，人与人之间是相互服务的，只是分工不同。在今天，这个道理也是通的。

在中国的执政党眼里，为人民服务绝不仅是一种思维，更是一种职责，是我们立党的宗旨之一。

早在1944年，毛泽东同志在中央警卫团一名普通共产党员张思德的追悼会上就申明，我们的共产党和共产党所领导的八路军、新四军，是革命的队伍。我们这个队伍完全是为着解放人民的、是彻底地为人民的利益工作的。

为政之本，在于为民。

2020年3月30日习近平总书记在浙江考察调研时进一步指明，解决问题的宗旨，就是为人民服务。老百姓都能够顺心满意，我们这个国家才能越来越好。

所以，改变思维模式，强化服务思维，既是“以人民为中心”、以服务群众

---

① [日]大田嘉仁：《日航的奇迹》，东方出版社2019年版。

需求为导向的要求，也是建设和谐社区，增加社区管理者成就感的有效方法。

连我们自己也暗暗叫苦的时候就是“转变”的契机

除了初心和使命，我们强调服务思维还可以换个角度来理解：管理即服务。

所谓管理，就是运用合理的制度和规则维护现有的秩序。在这里，管理对于秩序的维护就是服务。好的服务一定是主动管理：主动发现问题，积极作为去解决问题，甚至包括发现制度和规则的缺陷，主动地积极地完善，使秩序得到更高标准的维护。

“主动”和“积极”是提高管理水平的要素之一。同时，主动积极也是“服务思维”的基本前提。那么怎样才能主动起来，积极起来？除了认识水平的提高，“换位思考”是最为有效的方法。

我们再看看前面提到的“公共晾衣架”案例。

从行政管理的一般意义上说，按照统一规定，为了小区的整体形象，阻止居民随意晾晒衣物没什么问题。令行禁止，理所当然。

但是，如果我们换位思考一下，居民为什么“不理解”，十几年不服从管理？当实践证明我们的惯性管理已经失效，连我们自己也暗暗叫苦的时候，主动地反思一下我们的制度和规定，积极地探讨更为行之有效的办法，就是“服务思维”期待生成的功能和效果。

再看看稻盛和夫的“利他思维”。他在全公司掀起了一场“意识改革”——对外，用“利他思维”唤醒日航员工的良知，只有每个人重新把服务思维树立起来，把公司的责任担当起来，才会得到旅客的认可，才能赢得效益。

对内，进一步要求全体员工都要有“最佳交接棒”的意识：就是说工作的时候要“换位思考”，不能只想着自己负责的部分，还要想着如何方便下一道工序的同事。如果人人都能这样做，那所有人的工作就会变得顺利、高效很多。

不能再“很辛苦地搞出一些南辕北辙的事情”

应该说，“提高认识，转变思维，换位思考，主动作为”，对于我们大多数社区管理者不是一件太难的事。如果说难，难在方法：怎样发现问题，解决问题。

我们说“服务思维”就是为人民服务，它必须是真服务而不是假服务，是全面的优质服务而不是片面的“门难进、脸难看、事难办”的劣质服务，也不是“门好进、脸好看、事难办”的“装门面”服务，更不是荒唐的“为人民币服务”。

一本党课辅导材料上有这样一段话写得非常到位：为人民服务，就必须是全心全意的。全心全意是一种胸襟和境界，更是一种追求和理想。它不是三心二意、半心半意、敷衍了事的服务，或者心不甘情不愿、被迫完成任务式的服务，更不是虚情假意的形式主义服务。

苏州市相城渭塘镇翡翠家园西区，不仅认识到问题，还有解决问题的方法：症结在哪儿？如何下手解决？“服务思维”需服务方法来配套。为人民服务，就必须提高服务本领。

进入新时代，随着中国改革进入攻坚期和深水区，我们面对的阻力前所未有、遇到的问题前所未有、肩负的重担前所未有，领导干部既要有为民服务之心，也要有为民服务之能。

社区治理也是如此。

正如习近平总书记所指出的，很多同志有做好工作的真诚愿望，也有干劲，但缺乏新形势下做好工作的本领，面对新情况新问题，由于不懂规律、不懂门道、缺乏知识、缺乏本领，还是习惯于用老思路老套路来应对，蛮干盲干，结果是虽然做了工作，有时做得还很辛苦，但不是不对路子，就是事与愿违，甚至搞出一些南辕北辙的事情来。

社区治理的有效方法一定是在改变思维的前提下积极探索出来的。我们从翡翠家园的案例可以看到，他们在方法上的实践是卓有成效的：2018 年，翡翠家园社区党支部积极利用“翡翠议事厅”平台，专题调研讨论解决这一难题。结局很完美：在小区楼与楼之间设置尽可能多的公共晾衣架。“小区道路更加畅通，路面更加整洁了”。

“翡翠议事厅”平台，一个沟通了管理者与被管理者的新工具，解决了十几年的“老愁难”！

管理就是服务，就是想方设法“利他”。我们一切“以人民为中心”的执政原则决定了行政管理的目的就是“利民”。

只有利民，才会得到拥护和响应，才能实现我们社区存在的价值。从这个目的出发，摒弃“行政管理思维”建立和强化“服务利他思维”，就要改变惯常“交作业式”的工作状态，就不能关在办公室里面闷头干活儿……

无须多言，想群众所想，急群众所急，群众的获得感，就是我们的成就感。改变自己的思维就可以改变外部世界。

【从《意见》到实践】

基层治理好不好，最终要体现在为人民服务上。以服务思维做导引，现代化基层治理中的服务格局应该是什么样的？

在华中科技大学社会学院副教授任敏看来，这个服务格局应该是多主体力量、多群体对象、多层次内容、高质量要求。

多主体力量。《意见》指出“政府购买社区服务，鼓励社区服务机构与市场主体、社会力量合作”，此外还有群众互助服务、自我服务等，这意味着在基层社会服务中，要注重多元主体合作提供服务。**多群体对象。**这是指社会服务主要关注群体性的需求，如经济困难群众、孤老人群、残疾人群以及儿童群体等。**多层次内容。**这是指《意见》提及的基层服务包括政务服务、公共服务、特定人群的关爱服务、公共卫生保障服务，覆盖了从兜底保障到促进群众生活便利、保障公共健康的多层次内容。

高质量要求。《意见》提出的“社区服务标准化”“精细化服务”“有效服务”等，都是指不仅要有服务投入，而且要注意服务投入方式的精细化、标准化，从而追求有效的服务结果。①

在实践层面，社区工作者要追求服务过程的人文化、亲民化，以服务思维推动形成现代化基层治理中的服务格局。

成本思维：在社区，做坚定的长期主义者

长期主义

成本不只是金钱，
人情精力和时间。
利润空间嘴边挂，
患得患失路跑偏。

社区工作爬大山，
有时山路十八弯。
因小失大甜还苦，
舍长求短简更繁。

眼盯成本算不完，
心有长期天地宽。
不信问问罗振宇，
物业费才四毛三。

① 夏学娟、王思斌、徐选国、任敏、金美凤、任艳萍：《打造现代化的基层治理服务新格局（上）——解读〈中共中央　国务院关于加强基层治理体系和治理能力现代化建设的意见〉》，《中国社会工作》，2021 年第 24 期。

首先要说明的是，社区工作中的成本思维不是简单的财务成本。它是人力、时间特别是政府公信力的综合成本。因为没有在第一时间处理好问题，随后带来的可能是难以估量的社情、舆情的发酵，难以控制的局面甚至是灾难性的后果。强化成本意识，运用成本思维，就可能避免出现问题扩大化情况的发生。

破除“成本与收益”的迷雾

凡事皆有代价，代价即是成本。成本不仅是金钱，也可能是时间、精力、情感以及其他投入。

提到成本，大多数人往往都有一定的成本意识。我们时常挂在嘴边的“值与不值”，其实就是在衡量得与失、成本与收益是否成正比。

但是，在面对问题时，我们更需要的是成本思维。成本意识着重于当下的得失，成本思维则基于对未来的考量。即使当前甚至短期要付出巨大的代价，但因为坚持某种信念，或为了未来的发展仍然坚定而行，这便是成本思维。所以，具备成本思维的社区工作者，必然坚守信念，怀抱着未来可期的希望，才能促使他站在更高的维度上来思考当下的投入、付出和牺牲。

我们说，社区工作者要具备成本思维，是因为身处社区，常常面临这样的处境，时间、精力、资源有限，我们不得不谨慎地去考量如何投入、投入多少。

越是如此，我们越应当有成本思维，才能拨开“成本与收益”的重重迷雾，不被眼前的得与失迷惑，让社区和社区居民在未来拥有更多的获得感、幸福感。

0.43 元的物业费真能挣钱吗?

具备成本思维的社区工作者，必然是长期主义者。

罗振宇在 2022 年跨年演讲中，有一个让人印象深刻的故事，“四毛三的物业费真的能挣钱吗？”

物业管理费 0.43 元 / 平方米，仅是全国平均值的 1/5，这个小区位处北京市朝阳区，离寸土寸金的 CBD 不远。而这笔费用要解决居民的卫生、停车等诸多日常的问题。

如果负责的企业以成本意识来干这件事，绝对是做不了的。但这家专门负责“老破小”小区的物业改造和服务，叫作愿景的公司，其董事长陶红兵说：“确实可以挣到钱，也可以做大，就是慢点。”

这是长期主义者才能拥有的信心和信念。他们持续地、长期地守住目标，保持专注力和连续性，并将有意义和价值的行为持续作用于目标之上。

显然，一个长期主义者不会计较一时的投入和得失，他们更倾向于跳出成规，打破思维的墙，寻找新的路径，去争取长期的收益。

拿着 0.43 元的物业费，愿景如何解决居民最为关心的卫生问题？愿景请来社区退休老人，按楼包片。老人负责卫生能拿津贴，片区内的瓶子、纸壳归其所有，也能换取收入。另外，为老人搭收纳棚，发“社区清洁志愿者”工作服，仪式感和价值感也有了。

这一办法，一举解决了老人“闲不住”，居民“求整洁”，愿景“雇人难”的问题，但归根结底，就是“通过解决别人的问题来解决自己的问题”。

可以说，当以成本思维取代成本意识去看待问题时，必然能够立足于一个更长的维度、更大的格局去前瞻性地思考问题的解决途径。

做坚定的长期主义者

因为没有坚持成本意识而酿成悲剧，我们才倍感痛心。

近年来，各地不文明养犬行为导致的各类伤人事件与邻里纠纷，因养犬纠纷引发的极端行为频发。

当我们以成本思维再度审视这一事件，如果当初小区第一次有居民被养狗人骚扰，立刻依法强力干预；如果一开始就坚定地向违法者说：不！如果我们不去权衡是否值得为了一个人“得罪”一群人；如果尽管艰难，也要在整个小区坚持推进文明养犬……如果我们在前期付出更多的“成本”，悲剧也许可以避免，后续所有的折损都将不再。

相反，面对重重压力，付出很多努力在短期内也难以获得收益，于是暂缓，甚至是推诿逃脱……以至于隐患不断累积，最终从量变到了质变，等到不得不出手时，需要付出的成本之巨大，终将让人难以承受，无法挽回。以成本思维前瞻、执着、真诚地为社区服务，在社区中做一个坚定的“长期主义者”。

【从《意见》到实践】

社区工作看似只是日常琐事，却直接关系群众切身利益。习近平总书记非常重视社区工作，到地方考察时他总要走进农村、城市社区，看看人民群众生活得怎么样，有什么操心事、烦心事需要解决。2020 年 7 月 23 日，习近平总书记在吉林考察时强调，推进国家治理体系和治理能力现代化，社区治理只能加强、不能削弱。要加强党的领导，推动党组织向最基层延伸，健全基层党组织工作体系，为城乡社区治理提供坚强保证。

落实习近平总书记重要指示、要求，《意见》中也特别强调，要“把抓基层、打基础作为长远之计和固本之举，把基层党组织建设成为领导基层治理的坚强战斗堡垒，使党建引领基层治理的作用得到强化和巩固”。

社区治理，任重道远，需要广大社区工作者抱持坚定的“长期主义”。

聚焦思维：以人民为中心，
就是最高效的“纲举目张”

一个社区究竟要做多少事儿？2012年初，有媒体报道过山西省晋中市一个社区的日常工作明细表：“计生、劳动保障、医保、民政、卫生、绿色社区创建、精神文明建设、老年工作、工会、综治、统战、党务、证明盖章、职介等14大类146小项工作，涉及党委、政府以及各种群团组织。其中，仅开证明及盖章项目就有45项。”①

“每天都在忙，就算有三头六臂也干不完！”这还真不是调侃。

应该看到，近几年，主管部门为社区减负、去除形式化的各项措施在有条不紊地落地执行。而我们想和大家聊的是，站在社区工作者的视角，如何能在有限的时间精力范围内，把工作做得更好？

是不是应该对传统的行政管理思维模式进行认真的审视——一味依赖行政指派，对工作“来者不拒”，眉毛胡子一把抓，让我干吗我干吗。看似服从，实则忽视了效率和效果。

完成上级交代的工作当然是职责所在，但或许，我们可以换个思路，看看聚焦思维模式，会给社区工作带来什么样的启发。

何为聚焦？聚焦就是摒弃“平均用力”的想法，关注一个点，抓住主要矛盾，牵一发而动全身，取得“纲举目张”的效果。

当然，我们这里所说的聚焦也有前提和假设：组织的资源是有限的，我们无法实现所有的目标和要求，所以需要做抉择，实现资源的最大化利用，

---

① 晏国政、潘林青、李钧德、刘元旭：《社区干部行政性事务过多 叹为居民服务有心无力》，中国新闻网，2012年1月9日。

达到效能最大化。

在世界纷纷攘攘，信息化爆炸的时代，不管是全局部署，还是基层工作，这一点，如出一辙。

聚焦“人民满意”，制度减负增效

对于聚焦思维，从管理层视角首先应该改进的是什么？

2022 年 4 月 8 日刊发于《人民日报》题为《抓住主要矛盾和中心任务带动全局工作》的文章给出了更符合时政语境的表达。

文章称：“抓住主要矛盾和中心任务带动全局工作……**在整体推进中实现重点突破，以重点突破带动经济社会发展水平整体跃升**，让发展成果更多更公平惠及全体人民，不断促进人的全面发展，朝着实现全体人民共同富裕不断迈进。”

“主要矛盾和中心任务”的关键是什么？以人民为中心，让人民满意。

在基层服务管理创新工作中，如何通过建立有效机制，保障“中心任务”，带动解决其他问题？一起看看南京市鼓楼区的案例。

南京市鼓楼区在制定考评机制时，没有从以往的行政角度出发，而是高度聚焦于“人民满意”的发展理念，以此作为“指挥棒”和“风向标”，建立科学的考评样本、完整的考评机制，并顺势推进基层治理、政务服务、服务管理三项改革。

1. 坚持以“居民关心，街道应做，可感知量化”为标准，广泛收集民意，制定形成“党建引领、城市治理、民生保障、社会建设”4 个维度 10 个重点 17 项具体指标。

2. 广泛动员社区居民、社区党员、驻区党代表、人大代表、政协委员，驻区单位、社会组织、新闻媒体等各方面力量参与考评，建立考评指标体系。

3. 将考评实施过程、分析报告、得分排名等情况主动公开，接受社会监督。

4. 街道、部门根据考评结果，筛选确定居民反映最突出、最强烈、最关心的问题，加强和改进相关工作，提高治理服务水平。

同时，在街道部门协同联动过程中，各自权责边界更清晰、协同联动更高效。

在焦点明确、考核清晰的“指挥棒”之下，街道甩掉了 20 多个、权重达 30%—40% 的经济考核指标，社区自治功能也得以强化，96 项政务事项全部移交街道，聚焦居务和自治……

聚焦、减负是提高社区工作者工作效率的制度性建设，是管理层的重要功课。

最终，鼓楼区不仅完成了以考评促满意，更实现了以改革提效能。由此可见，提升居民满意度和加强基层服务能力，并不冲突，精准聚焦，有效触达，完全可以双双实现提升。

创建熟人社区，化解邻里矛盾

广州佛山市桂城街道，公共环境脏乱差、公共事务没人管、邻里矛盾层出不穷……这些最让社区头疼、需要花费大量时间的问题，能够得以一一化解，只因一场熟人社区的创建行动。

2016 年的一篇报道显示，桂城街道自 2011 年起推行了熟人社区建设，重建邻里关系，探索基层治理新路径。“要避免社区成为有名无实的空壳，就要挖掘最具生命力和凝聚力的内核——邻里情。”① 桂城创建熟人社区课题组组长苏志敏说。

随后几年间，书香节、邻里节、楼栋长、自治小组……随着一个个新名词的诞生，熟人社区正在改变桂城社区生态，居民因为共同的价值守望和情感慰藉，对社区的认可度大大提高，邻里互信互助的温情画面正成为社区生

① 李姗:《创建熟人社区 打造幸福桂城》，中国社区网，2015 年 12 月 30 日。

活的寻常细节。[①]

“以前楼上楼下有矛盾，大家不是吵架就是投诉到居委会。”**熟人社区打破了居民隔膜，一些日常纠纷自然化解于无形，居委会的工作量直线下降。**

在长达 6 年的时间里，桂城街道通过研发项目、购买服务等引入社会工作手法，结合居民需求，依托居委会、企业、党员、社工、社会组织等团队力量，开展面向老年人、家庭、青少年等针对性服务。同时，还以文化互动建立社区互信，激发居民对社区事务的参与热情，充分发挥社区居民自治中的杠杆作用。

发现主要矛盾，解决主要矛盾，主要矛盾解决了，很多次要矛盾就不存在了。熟人社区，大家都认识，就不好意思随地吐痰、乱扔垃圾，像这类环境问题也就很容易得到解决。

面面俱到不如重点突破，用好时间管理术

如果说，抓住主要矛盾，是聚焦思维的重点，那么，做好时间管理，则是让聚焦更加高效的方法。毕竟，每天都要面对大量繁杂的工作，还要不时应对突发情况，是社区工作者再真实不过的日常。

世界上最忙碌、最成功的男人之一、世界新首富埃隆·马斯克，具有高超的时间管理术。

马斯克推崇“Time Boxing”工作法，这种工作方法关注的核心不是什么时刻做这件事，而是做这件事花费的时长。这对马斯克这种日程繁杂又不固定的人士尤其好用。[②]

通常人们安排日程，会是 9 点到 10 点做任务一，10 点到 11 点做任务二，呈线性分布。可有时任务一延误就会影响任务二，提前做完了任务一可能还

① 黄文婷：《让城市生活和社会服务迈向有感发展》，《佛山日报》，2018 年 12 月 6 日。
② ［美］阿什利·万斯：《硅谷钢铁侠》，中信出版社 2016 年版。

要等到 10 点做任务二，这样根据时间线来制订的工作计划，看似井井有条实际上却有些脆弱。

而“Time Boxing”对未来需要执行的每件事项均设定了明确的预算时长，例如任务一要在 15 分钟内完成，任务二要在 10 分钟内完成……完成任务一之后，可以立刻开始进行下一件最适合进行的任务，而不一定是任务清单上排第二的任务。

马斯克深谙 Deadline（截止日期）才是第一生产力的道理，给每项任务安排足够且最少的时间，这样就让自己时刻处于 Deadline 临近的影响下，这样效率也最高。

到工作时间，每天的最低标准是处理最关键的事务，包括最紧要的工作、需要见面的关键人物和必须参加的关键活动。接下来的非工作事务，马斯克会压缩在最短时间内完成，包括花 5 分钟吃饭，一周为约会安排 10 小时，小便也要 3 秒钟解决等。

基于这种时间管理方法，他始终在保持很快的工作节奏，完成一件事之后，立刻进行下一件，不空耗时间，也不用等待下一个任务时间点的到来。

此外，马斯克还在个人管理精力的分配上运用了帕累托法则，也就是我们常说的“二八定律”：将大部分的精力用在最重要的两家公司上面。

对社区工作者来说也是如此。一个人的时间精力有限，平均用力完成每一件事几乎是不可能的。因此，**要想面面俱到还不如重点突破，将 80% 的资源花在能出关键成效的 20% 的方面，这 20% 的方面又能带动其余 80% 的发展。**

伟人哲学秘钥，拎清“急难愁盼”

关于聚焦思维，毛泽东在《矛盾论》中有过极其精辟的论述——“在复杂的事物的发展过程中，有许多的矛盾存在，其中必有一种是主要的矛盾，由于它的存在和发展规定或影响着其他矛盾的存在和发展”。[①] 他进一步指明，矛盾的主要方面在矛盾中起到了决定性作用，在认识和解决问题的过程中，要抓住事物发展的主要矛盾和矛盾的主要方面。抓住主要矛盾，一切问题就迎刃而解了。

抓住主要矛盾，并不是意味着放过其他次要矛盾。要知道，在一定条件下，主要矛盾和次要矛盾是可以相互转化的。“一切矛盾着的东西，互相联系着，不但在一定条件之下共处于一个统一体中，而且在一定条件之下互相转化……”[②]

明确了主要矛盾，就明确了中心任务，也就明确了我们的工作重心。

聚焦是取舍，也是专注。聚焦往往会带来“意外”收获——不但解决了核心问题，其他关联问题也会迎刃而解。

聚焦思维需要清晰的认知、冷静的判断，更需要科学的规划、坚定的执行。而做好时间管理，也不单单是时间分配，背后的逻辑，是明确的目标，可行的路径，排他的投入。更重要的，是持之以恒。

不聚焦，浪费的是时间，是人力，更是服务的效能与质量。

如果我们的社区工作者，在开展基层工作时，习惯聚焦思维，重点工作重点突破，牵一发而动全身，或许实际效果会好过“胡子眉毛一把抓”。

审视基层工作的核心，归根结底是“以人民为中心”，因此，尝试用更多时间和精力投入解决“百姓急难愁盼”的关键问题上，或许也可以对社区工作少一些迷茫和失落，从而多一些成就和快慰。

毕竟，以聚焦关切的诚意，用时间管理的心意，换取群众称赞的满意，才是服务为民的本意。

---

① 王珊珊：《党的百年奋斗历史经验蕴含的方法论》，《高校马克思主义理论教育研究》2021 年第 4 期。

② 孙钦梅：《习近平历史观的整体性原则论析》，《高校马克思主义理论教育研究》2021 年第 4 期。

【从《意见》到实践】

社区工作者心中最清晰的工作聚焦点到底在哪里?

习近平总书记在贵州考察时指出，基层强则国家强，基层安则天下安，必须抓好基层治理现代化这项基础性工作。要坚持为民服务宗旨，把城乡社区组织和便民服务中心建设好，强化社区为民、便民、安民功能，做到居民有需求、社区有服务，让社区成为居民最放心、最安心的港湾。

怎样才能成为让社区居民放心安心的港湾?《意见》指出，要“优化村(社区)服务格局”。推进城乡社区综合服务设施建设，依托其开展就业、养老、医疗、托幼等服务，加强对困难群体和特殊人群关爱照护，做好传染病、慢性病防控等工作。加强综合服务、兜底服务能力建设。完善支持社区服务业发展政策，采取项目示范等方式，实施政府购买社区服务，鼓励社区服务机构与市场主体、社会力量合作。开展“新时代新社区新生活”服务质量提升活动，推进社区服务标准化。

逆向思维：凡事先考虑群众需求

2019 年，时任山东省临沂市委书记王玉君，作为山东省党政代表团的一员，赴“京冀沪”考察学习。而王书记历经数日取回的“真经”，看似简单，实则深刻——最直接的感受是，他们的理念超前，想问题、办事情，优先考虑群众、企业需要什么，而不是政府能够提供什么。

他举例说，“拿政务服务来说，虽然都叫‘政务服务中心’，但他们是站在服务的角度考虑问题，**我们习惯站在管理的角度设计流程，侧重于行政审批，管理起来是方便了，但老百姓却不方便**”。

换位思考

书记取经三地跑，
取回真经不老少。
归根结底一句话，
凡事换位做思考。

问题导向很明了，
共商共治多探讨。
公开透明不猜疑，
社区服务效果好。

居民需求装在脑，
阳光大道迈开脚。
想到说到全做到，
一篇精彩新闻稿。

方便与不方便之间，服务与管理之间，“他们”与“我们”之间，差别在哪？从王书记对下一步工作的部署上便可以获得答案——临沂市委把2019年确定为“改革推进年”，核心是更加注重“逆向思维”，加快转变工作理念，站在群众的角度，打一场从思想到行动的流程再造攻坚战。

临沂“改革推进”的核心是逆向思维。准确地说，应当叫作“换位思考”。

何为逆向思维？概念上说，当大家都朝着一个固定的思维方向思考问题时，而你却独自朝相反的方向思索，这样的思维方式就叫逆向思维。翻译成我们社区工作者的语言，日常工作中，特别是遇到棘手问题，不妨把自己与居民互换位置，试着用居民的思维想一想，以终为始，倒过来思考，往往会使问题简单化。

日思夜盼的“晒被自由”实现了

2011 年，北京市朝阳区麦子店街道创造性推出了居民“问政大会”。形象地说，问政大会更像是来自各社区的居民代表同街道办事处领导一起召开的“家庭会议”，诸如社区空地到底是建小花园还是停车场这类地区公共事务，不再由办事处“一家决定”，而是听听居民议事代表们怎么说，由大家参与表决。

一年一度的“问政大会”上，各社区选派的议事代表们，拿着提前征集的民意清单，逐条逐项陈述受益范围、迫切程度、可操作性等，争取立项。

不光如此，经“问政大会”协商拟定的惠民项目，办事处是如何落实的、完成后的效果怎样，年底还得详细地跟居民代表们汇报一番，接受大家的评议。

原来，之所以下决定探索问政大会机制，是因为此前辖区内先后出现了停车难、行路难、养老难等矛盾，虽然街道办事处在不断加大力度进行治理，但实际效果却不尽如人意，有时甚至是花了九牛二虎之力，却挨了百姓一顿骂。正所谓干活儿不由东，累死也无功。

想群众所想，急群众所急，前提条件是与群众先共情，再共鸣。麦子店街道尝试角色转换，来个“逆向”换位思考，变“社区能提供的服务”为“居民需要什么服务”。

“换位”后，“思考”的变化至少有三。

一是“问题导向”的思路更清晰了。之前，社区遵照上级指示“落实工作”的事务多，虽然完成了任务，群众满意度却不高，甚至有居民质问“你们整天在忙什么”？社区干部也十分委屈。

二是“公开透明”的操作更顺当了。之前，社区和居民各忙各的。现在，工作重点集中在解决居民提出的问题上，社区与居民心往一处想，劲往一处使，居委会的付出得到居民更多的认同与支持。

三是“共商共治”的成果更显著了。之前，社区完成任务或做出业绩，常常是得到上级表扬后，将奖状在办公室一贴了之。现在，居民自己就在群里晒社区变化的点点滴滴。

麦子店街道的实践证明了这种逆向思维的切实功效：因产权原因导致的供水难彻底解决了；老旧健身器材带来的安全隐患全部消除了；小区居民日思夜盼的“晒被自由”总算实现了……同时，经过多年实践，不断创新，麦子店街道由此成功探索出的“党政群共商共治的社区治理模式”，已成为我国社会治理实践中的典型案例，是民政部评选的“全国社会治理创新十大项目”之一。

还有很多“小改变”可说明逆向思维在社区工作中的运用屡试不爽。

曾经，小区绿化屡遭破坏是让上海市嘉定区外冈镇相当挠头的一个问题，不仅是机动车不文明停放以及物业养护不善造成的，最主要的还是“上楼”居民难改“穿便道”习惯造成的。经过反复商讨研究，外冈镇各社区“逆向”换位思考，认为原来设计的通道确有不便。随后，他们将这些人工小道浇上水泥，铺上彩道板，在小道边添置公益宣传物品，倡导居民文明行为，让无名小道“名正言顺”，收获了一大拨百姓的点赞。

两个案例均向我们揭示了一点，逆向思维，虽然逆了思路，却顺了人心。

棘手的问题不妨“先说后做”

正如临沂市委书记倡导的“逆向思维”一样，换位思考很多时候就是一种“逆向思维”。而我们社区工作的诸多实践也证明，工作程序上的逆向操作，把“先做后说”适时地调整为“先说后做”，往往能取得更好的效果。

《人民日报》曾报道这样一个小案例。福建省永安市燕北街道江滨社区永乐家园小区污水管网急需改造。因为涉及多方利益，沟通上花费了不少时间，但是仍未达成共识。在正式启动前，社区坚持利用晚上多次召集多位居民及相关代表，宣讲改造方案，并请来自来水公司、污水处理公司的负责人做现场答疑。

之所以坚持“说清楚、讲明白”，江滨社区党委书记、居委会主任唐燕英说：“污水管网改造是居民的共性诉求，通过夜谈会将大家集中到一起，能解决的现场解决，不能解决的也能说清楚，获得群众的理解。”这就是换位思考，逆向操作。如果群众不理解、不支持，你就是费再大的劲也只能“事倍功半”，甚至是“徒劳无功”。

通过“先说”，我们能打消疑虑，赢得支持。而一旦有了群众的理解，还有什么是棘手的问题、是无法推进的工作呢？

自问自答能催生非凡创意？

然而，我们似乎不能满足于用逆向思维解决一个个具体问题，而更期待的是，将这种思维方式转化成可固化、可复制的工作方法。

关于这一点，亚马逊的的案例或许可以给我们一些启发。《亚马逊逆向工作法》一书介绍，自 2004 年起，亚马逊推出的所有重要产品和计划，大都具有一个共同的、非常鲜明的亚马逊特色：它们的诞生都经历过“逆向工作法”流程。在亚马逊，“逆向工作”被看作一种审查想法、创造新产品的系统性方法。

所谓“逆向工作法”，也就是从客户体验出发，在发布新产品之前，要先模拟撰写发布会的“新闻稿”以及预先解答可能被问的各类问题。它的根本出发点，是从内部的视角转变为客户的视角。客户随时都在被推销新产品。这个新产品为何足以吸引客户下手购买呢？在审查新闻稿中的产品功能时，高管们常问的一个问题是：“那又怎样？”如果“新闻稿”中所描述的产品没有明显优于市面上的现有产品，那这种产品就不值得打造。我们所熟悉的 Kindle 正是历经“逆向工作法”的重重考验，才走进大众生活的。

再回到社区，当我们准备开展一项工作前，能否也写写这样的“新闻稿”，也问自己几个问题。动员居民开展楼道堆物堆料清理，居民为什么要参加？发送手机短信还是楼道张贴通知，哪个更易被看到？周五下午或是周日中午，哪个时间段更方便？居民能从中获得什么，是更整洁的环境，还是参与的成就感？清理之后，大家关心的保持问题如何解决……

相信，如果我们对以上每个问题都求真、求解，那么这次堆物堆料清理活动定能获得空前成功。久而久之，我们会对这样的工作法“上瘾”：逆向思维、换位思考不仅帮助我们全面思考且深思熟虑，甚至能帮我们产出和评估非凡的创意，塑造亮点品牌。

【从《意见》到实践】

建议社区工作者常怀“逆向思维”，其实是希望社区工作者能更多地从居民需求出发，让我们的社区治理行为更加顺应民意、贴近民心。

《意见》在总原则中特别强调了“坚持共建共治共享，建设人人有责、人人尽责、人人享有的基层治理共同体”。共同体怎么建？“增强乡镇（街道）议事协商能力很重要。要完善基层民主协商制度，县级党委和政府围绕涉及群众切身利益的事项确定乡镇（街道）协商重点，由乡镇（街道）党（工）委主导开展议事协商，完善座谈会、听证会等协商方式，注重发挥人大代表、政协委员作用。探索建立社会公众列席乡镇（街道）有关会议制度。”①

① 陈越良：《科学把握新时代基层政权建设新部署新要求》，《中国党政干部论坛》，2021 年第 8 期。

工具思维：面对一棵“野蛮生长”的蜡梅树

工具思维

一棵野蛮蜡梅树，
影响通行和走路。
打开社区数据包，
解决问题很速度。

踏破铁鞋无觅处，
问卷访谈人入户。
得来一个杠杆功，
撬动地球如神助。

讲了战略讲战术，
头脑越来越丰富。
若将思维繁作简，
身边建个工具库。

2018 年 5 月 10 日，《新民晚报》刊发了一则记者江跃中采写的报道，其主题可以理解为“接诉即办”。

文章是从一个细节开始的：“石门二路街道华沁居民区有一棵野蛮生长的蜡梅树，一直以来都让居民们很头疼，横生的树枝有时会触碰到进出居民的衣服，大家走路得小心翼翼，希望能够及时修剪。”

一棵树的树枝，“有时候”会扰民，通常的流程是：居民向物业投诉，然后安排师傅抽时间去现场修剪处置。但是，有别于“通常流程”，华沁居委会是通过一个叫“社区分析工具”的“数据包”了解到居民这一诉求，然后“马上协调相关单位、部门，很快就满足了居民的愿望”。

是不是有点绕？这个流程是不是把简单问题“复杂化”了？

“社区分析工具”是怎样高调出场的？

报道说，该区266个居委会已经全部用上了“社区分析工具”，并依靠这个工具，精准客观地找出社区的共同需求，着力有效地解决居民的实际问题。这个工具“从了解社区着手，分析社区着眼，解决问题着力，是融入专业社会工作方法开展社区大调研、实现社区全要素分析和全过程服务的一套科学工具”。

原来如此。建立一个系统，将居民的一个个诉求纳入其中，就像这篇报道的标题所示：《静安创新研发“社区分析工具”精准寻找社区居民共同需求》。

静安区民政局研发这个“创新工具”的初心是，“指导居委会坚持需求导向、问题导向、效果导向，让居民需求的浮现真实全面，进一步推动居委会标准化建设，加大社区调查力度，实现社区精准服务，促进居民有效参与，提高社区工作专业水平”。截至2018年12月底，所有居委会都完成了社区分析方案制定，首轮问卷调研、入户访谈等信息排摸，同步完成数据录入与统计，并开展了需求度排序、回应主题筛选、回应方案制定等工作。①

好一个亮眼的“社区分析工具”！它带给我们的不仅是一个可以复制的有效方法和操作案例，同时提示给我们一个非常重要的思维方式：工具思维。

什么是工具思维？工具思维就是通过借助工具来提高效率的思维方式。

那么工具是什么？工具是手的延伸。

---

① 江跃中：《静安创新研发“社区分析工具”精准寻找社区居民共同需求》，《新民晚报》，2018年5月10日。

世人皆知，阿基米德曾经说过：给我一个支点，我可以撬起地球。这句话听起来荒谬，但却有实实在在的物理原理支撑，即初中物理课本中的“杠杆原理”——从理论上推导，只要能在太空中找一个支点，然后有一根足够长、刚性足够的“杠杆”，阿基米德的确可以凭借一己之力，撬动地球。

这就是工具的威力！工具就是“杠杆”，通过杠杆，你可以把自己的能力放大一万倍。

而“工具思维”就是让你时刻意识到，永远会有更好的工具帮你做得更快，处理更多，失误更少，收益更多。在这种意识的驱使下，你愿意主动去寻找甚至创建这样的工具，从而使你从繁重的工作中解脱出来。

上海静安创新研发“社区分析工具”正是“工具思维”的生动案例。

这个案例还提示我们，作为一种思维方式，工具思维不仅帮助我们寻找解决问题的具体物件，更重要的是帮助我们建立一种意识：一切皆为工具。

工欲善其事，必先利其器。这里指的工具，可以是小型电子产品计算器，可以是大型机械盾构机，可以是传统的纸质书本，可以是虚拟社交平台互联网，也可以是制度、规范和道德、习俗，总之，工具可以是一切能够提高效率的物件和手段。

异曲同工：古老的“一页纸”和时髦的“精益创业”

比如，丰田“一页纸”的独特文化。

先来看看关于丰田管理模式的专家浅田卓的真实故事。

十几年前，二十几岁的浅田卓刚进入丰田，和怀抱梦想初入职场的有志青年一样，并不是想简简单单地打工，他想知道，丰田为啥这么牛？要知道他进公司时，正逢丰田利润超过 1 兆日元之时，号称“日本纯利润增长第一的公司”，不仅在日本，在全世界也是一家经常处于领跑地位的顶尖集团。

可是还没开始“揭秘”，浅田自己的工作先遇到了难题。能进丰田这样的大公司，必然是名牌大学毕业、智商情商都在线，都是过五关斩六将拿到的 offer，当坐到会议室里，听着前辈们讨论业务时，他发现虽然大家说的都是母语，可他完全弄不懂是什么意思！即便是考虑到刚入职、有专业术语、有独特的企业文化内部沟通套路，自己也不至于完全听不懂啊。

浅田怀着巨大的不安感，脑子里冒出了一万个怎么办，别说丰田成功的秘诀了，自己能不能在这待下去都不好说。

就在“万念俱灰”之际，浅田发现了一个细节，那就是每个前辈手里的“发言稿”都只有一页纸。

回办公室的路上，浅田“不经意地”问了下比他早一年入职的松本，这人手一张的“一页纸”是怎么回事？松本告诉他，咱们这里跟上司汇报工作、开会发言、交接工作……全是一页纸哦，你去内网上看就好了，全都备份共享了。

通过疯狂翻阅各式各样的“一页纸”，浅田迅速掌握了丰田“母语”！那段艰难尴尬的日子，一张张简单明了标着“主题”“框架”的一页纸，成了他的指路明灯，帮他迅速深刻理解了工作内容、操作要点，不仅让他融入了圈子，听懂了，能插上话了，而且自然而然地加入了“一页纸”的行列中。

浅田的体会是：**“对于阅读或聆听者，一页文件可以让人在短时间之内就能迅速了解、把握大致的现状、课题、对策等重点内容”，**[①] 从而可以对正在进行时的工作及时作出判断；对整理一页纸的人来说，必须对材料进行深思熟虑，然后将不必要的全部舍弃，仅用最简单的表达方式，一目了然地呈现出来。

丰田公司的所有文件都是把全部信息整理到“一页纸”上。结果是：全公司高效运营。

丰田的“一页纸”文化可以追溯到 20 世纪六七十年代。从那时开始，

---

① ［日］浅田卓：《丰田一页纸极简整理法》北京时代华文书局 2019 年版。

丰田的报告书、企划书、会议资料、会议记录、商谈用的文件、报告用的资料、确认日程的单子、考核面谈用的文件等，无论哪一种文件，无论其内容多么复杂，原则上都只用“一页纸”。

再来细看一下，“一页纸”长什么样。虽然没有统一规定，丰田公司历代“一页纸”沿袭了这三个特征：1. 整体一目了然（一览性）；2. 有框架（表格化）；3. 每个框架里都有标题（主题式）。

“一页纸”改变了浅田在丰田乃至今后的命运，他的职场生涯围绕着“一页纸”展开，成为研究丰田管理模式的专家。丰田的“一页纸”文化显然是我们可以借鉴的优质工具。

比如，谷歌的“精益创业”通行方式。精益创业，即最小化成本试错、不断地迭代完善产品，是初创公司和互联网公司常用的产品开发手段。

它是以需求为导向的一种创业方式：**找到一个有冲突的需求场景，然后尝试用最小成本提供一个解决方案。接下来看看这个解决方案在操作中哪些不顺手，继而修正它，不断地修正它，再修正它。**

“精益创业”囊括了许多概念，比如小批量、创新企业尽量加速的技巧，包括从组织架构设计、产品如何成长，以及如何把精益创业原则从车库创业邦拓展延伸到全球最大的企业之中，等等。

这些连谷歌、丰田都作为创新业务的发展指南，Facebook 的所有业务都以此为指导的“精益创业”方式，当然也是我们在操作系统工程时的首选工具。

值得尊重并且必须格外加以保护的人

回到静安创新研发“社区分析工具”这个案例。

“以社区为本，寻找真正的‘急难愁’问题和社区工作的着力点，让居民需求的浮现真实全面”是他们主动研发新工具的动因。

应该特别强调的是，寻求工具意识非常重要。在社区，千头万绪的工作，千变万化的场景，千差万别的诉求，常常让人感觉“千辛万苦”而又无力无奈无助，是一种普遍存在的现实。怎么办？你能做的，只有借助更好的工具。

寻找或是研发工具有时是一个复杂烦琐的过程，哪怕是学习一个 APP 功能，也可能让你花上几天时间，但是很值得。

静安研发“社区分析工具”过程就很缜密。它主要的步骤分为**社区了解**（对社区资源、需求与问题等的充分调研、资料统计、结果梳理）、**社区回应**（议题和项目确立与执行、问题分类解决）和**社区评价**三个阶段，而且要通过资料收集、数据统计、分类归纳、方案实施、效果评价等多流程，确保“社区分析工具”是不带预设的大调研、大探索。①

很多时候，不是我们没有“工具意识”，而是在选择或研发阶段就被“复杂烦琐”吓退放弃。其实，从某种意义上而言，认同“工具思维”的人是懒惰的，他们厌倦重复劳动，厌倦低效工作，厌倦“能力有限”。而那些不善于运用“工具思维”的人，只会使用蛮力，花时间加班，忍受低效益。

相反，善用“工具思维”的人，会不断找机会寻找各种“杠杆”，他们愿意花额外的时间、精力和资源去打造丰富自己的“工具箱”，而且愿意不断地去优化它们。他们是有伟大抱负的人，是值得尊重并且必须格外加以保护的人。

主持研发静安“社区分析工具”的创新团队没有怕烦琐。他们的调查方式是传统入户加上新媒体手段，要求各居委会首轮走访要选择一个完整“块”（可以是居民区整体、小区、楼组等），“块”里不少于 150 户人家。需求比例 50% 及以上的社区需求（问题），应给出回应。各居委会至少选择一个需求（问题）拟制回应方案，并将回应所需经费编入 2018 年本居民区工作经费预算——“目前，各居委会均在持续坚持走访，梳理出呼声强烈的社区需求，并着手开展精准服务，居民的获得感、参与度都有了大幅提升”。

---

① 黄晓春、周黎安：《“结对竞赛”：城市基层治理创新的一种新机制》，《社会》2019 年第 5 期。

报道中列举了芷江西路街道的北方佳苑小区的例子。

这是个有着 400 多户居民的居委会，发现小区居民对改善公共设施的呼声竟高达 92%，完全超出居委会干部原来的预期。按照“社区分析工具”中“方案实施”的要求，居委会干部深入访谈发现，居民对小区主门人车混行与门头装饰过于简陋颇有微词，要求改善。

于是，“主门的更新项目迅速启动，设计方案很快在小区居民中高票通过（效果图获得了 93% 的通过率）。由三兴居委会出资并负责实施：原来人车混行的进出口改为人车分流，简陋的小区门头被重新装修进行了美化”。①

花钱不多，改造难度不大，但居民满意度颇高，大家都说“这才有点商品房小区的味道”。更重要的收获是，“实现居民需求与问题回应的有效链接，提高居民区工作效率、提高居民社区参与热情”。

工具带来的是效率的提升，不但要自己去开发，还应该学会去发现。实践证明，善于发现和开发工具是提高效率的有效方法之一。

最后，关于“工具思维”的几个温馨提示。

一是要透彻理解分析需要解决的问题，如果连问题都没有想清楚就开始寻找工具，后面的所有工作是浪费。

二是寻找最低成本的解决方案，能够在群里说明白的事儿就不必找人开会。

三是尽可能降低实现解决方案的门槛。道理是：所有的解决方案，都要靠人去实现。如果很容易实现，我们的效率就高。降低门槛有两种方法，一种是通过培训和练习让负责实现的人熟练掌握实现方法和技术，另一种方法就是你再提供一种更加简便的工具。

四是哪些工具可以拿来就用？简单地说，一切可以帮助我们解决问题的方法、技术、团队都是社区治理的现成工具。以本书“一活五动”包含的五

---

① 江跃中：《静安创新研发“社区分析工具”精准寻找社区居民共同需求》，《新民晚报》，2018 年 5 月 10 日。

个环节为例，红动可以是一项创新开展的党建活动；互动可以是社群居民微信议事群；联动可以是相关社会企业团体的共建空间；智动可以是老人床前连接卫生服务站 APP 的呼叫器；而活动则可以是社区内各个居民自建的社团。

【从《意见》到实践】

在智慧社区背景下，治理模式创新意味着运用先进的信息技术创造性地建立全新的治理机制和治理手段。因此，智慧社区的成功实现必然需要依靠各种治理工具。但从疫情防控中的信息化应用来看，很多社区在管理工具上的投入和应用明显不足，部门平台对社区数据的效用也未能充分发挥，同时还缺乏有效的居民参与通道。这些都对智慧社区建设造成了阻碍。所以，要不断完善智慧社区所需的治理工具，形成管理工具的规模化应用，完善部门平台并发挥效用，建立虚拟社区并持续性建设，以此打造智慧社区成功的基石。

《意见》要求不断拓展社区智慧化建设的应用场景。加快全国一体化政务服务平台建设，推动各地政务服务平台向乡镇（街道）延伸，建设开发智慧社区信息系统和简便应用软件，提高基层治理数字化智能化水平，提升政策宣传、民情沟通、便民服务效能，让数据多跑路、群众少跑腿。

运营思维：让公共空间的“绣花枕头”有里有面

“一开始建得很美好，隆重的开幕，很多领导来，揭幕，媒体宣传，但很多越运营越平庸，真正成了‘绣花枕头’。”在观察了大量社区公共空间的“凉热”后，城市更新及社区治理专家、社邻家创始人闫加伟先生一再表示遗憾。

近年来，社区里的公共空间建设越来越多，虽然规模不小，硬件丰富，装修精美，功能板块齐全，服务设备完善，但却总是缺乏人气。只有领导视察、参观调研时才热闹起来，随后大多是“人去屋空”。

运营思维

开幕剪彩轰隆隆，
媒体报道一窝蜂。
绣花枕头不中用，
徒有外表里面空。

一枝一叶总关情，
带着温度去运营。
三国四方齐努力，
面子里子都不同。

阳光园圃看劲松，
两种模式都走红。
携手打造共同体，
乱云飞渡仍从容。

当然，其中的原因多元且复杂。闫加伟在题为《一个很美好的社区公共空间是如何运营得那么平庸的》文章中列出了几个原因：“什么都想要”、层层加码、跟风而动、领导调整、短期主义、考核不当等。

文章总结道：“行政强管控的社区公共空间很少能够形成活力机制、创新影响力以及社区共同体。同时，反衬着另一种模式的宝贵——社会化运营、可持续运营探索的经验极其珍贵，取得的成效难能可贵。”

您可能注意到，在上述文字中，“运营”一词被反复提到。

是的，运营！社会化运营、可持续运营，是与行政管控相对应，社区公共空间的正向探索之道。社会化运营强调的是引入资源，可持续运营的关键是内生动力。

作为一种思维模式，“运营思维”或许能够为我们解决上述问题打开一扇窗。

“运营思维”并不是一个新鲜概念。它来源于互联网，是一种以用户为出发点，以平台和利益为大，以服务和满意度关注度为目标，以结果为导向的系统思维方式。它强调以业务为本，在工作中快速学习、思考分析，并擅长调动整合资源达到多方共赢。

“调动整合资源达到多方共赢”，这正是社区公共空间运营的关键所在。

那么如何调动整合资源，激活居民和空间的关系，也就是互联网世界的用户与平台之间的关系，不妨看看运营高手美团怎么做：**为各方提供平台、提供机会、提供解决方案，调动用户参与的积极性，多方引入资源，承担起社会责任的同时，也实现了共建共享、互相成就。**

如何保持平台公信力，并且提升活力？美团给出的答案是，拉上用户，引入资源，有事好商量。

为此，**美团在2021年建立了公众评审体系，搭建在线争议纠纷解决机制**，邀请广大用户和相关领域专家，针对消费者和商家的评价及交易等争议纠纷进行集体投票判定，确保争议纠纷得到公正公平和及时合理的解决。[①] **让多元社会力量参与平台共建共治，保障了用户和商家的合法权益，也提升了平台的透明度与公信力，还增强了用户黏性。**

如果将美团的故事转化到社区场景，或许可以这样理解：公共话题大家议、公共难题大家帮，**社区搭建平台，降低参与门槛，引入专业资源，让多方在参与中获得成就感**，从共议达成共识：建立长效机制，让参与各方有持续的期待和动力，并能获得适当的激励，将参与社区建设，从偶发走向常态。

---

① 孙磊：《美团建立公众评审体系》，《重庆商报》，2021年7月8日。

这就是运营思维的力量：有规划、有目标、有途径地导入资源，调动各方力量，考虑各方诉求，让社区治理可持续，有活力。

空间运营“三步走”，“共治”是核心

来看看运营思维在社区治理方面的应用案例。

在佛山狮山镇的芦塘社区，有个“阳光园圃”，它让我们看到了社区公共空间运营的更多可能。

2020年，芦塘社区阳光园圃以“健康蔬果和中草药种植”为切入点，在园圃打造以及持续运营过程中，使之成为“聚居民、培组织、共商议、传文化、护弱老”的社区善治平台。

项目运营分为三步走：

打造“看得见”的物理空间，搭建社区共治土壤；

明确“走得远”的空间功能，设定社区共治目标；

制定“行得通”的空间机制，助力共治持续发展。

具体怎么做？

从园圃选址，到种植规划，再到前期建设、功能定位，社区无不召开共商会议，动员党员群众共同参与，还以揭牌启动仪式为契机，引入医院、饭店等相关资源单位，把握合作机会，获得了长线服务支持。

在社区党支部、志愿者、资源方及居民共商共议的过程中，“要将园圃作为一个平台，发挥多个功能，使之能够持续有意义地运作”，逐渐成为共识。

在明确园圃“社区倡导、文化传承及弱老关顾”的三大功能后，社工通过联动社区学院及跨专业团队资源，共同设计及开展了丰富而持续的特色活动及课程，讲解华佗文化，学习中草药知识，产出中草药文创产品。同时应用园圃产出的健康蔬果，联动党群志愿者及相关资源方进行弱老的入户探访及服务，构建起社区弱老的关爱支持网络。

园圃建起来了，如何能够促使园圃持续有序运行，如何促使多方资源形

成有效顺畅的合力？

建机制！

一方面，通过召集志愿者骨干商议，建立队伍名称、组织架构、队旗、微信群组等，形成规范的管理及培训制度，并建立有效的时间银行激励机制，保证了园圃队伍的稳定性，吸引多群体参与。

另一方面，共同商讨制定园圃运行相关机制，包括日常值班机制、园圃养护制度、园圃事项沟通制度等，保障了园圃的恒常运营。

结果如何？

通过阳光园圃平台集结了一支社区党群志愿服务队伍，对园圃进行日常运营；吸引周边医院、小学等多家单位关注、参与投放资源；借助园圃种植所得，社区得以持续开展文化倡导、中草药教学课程、园圃体验活动。

阳光园圃还在成长中。在这个案例里，空间是载体，目标是动力，机制是保障，每一步，都立足“共治”，放眼长远；每一步，都离不开精细化的运营。

社会资本可持续，“共赢”是关键

我们再来看看动静更大的案例。

社区公共空间的可持续发展，还有一个绕不开的难题：空间往往高度依赖于财政投入，由此难敌行政管控的习惯压力，最终使得这些空间又从“公共空间”变成了“行政空间”，也就谈不上长期的活力与发展。

减少对财政投入的依赖，能否成功引入社会资本来参与社会治理，借助专业团队来做运营，就成为关键的“破题”之笔。

链家旗下的愿景公司与北京劲松街道共同推动的劲松北社区老旧小区更新项目是一个可圈可点可供借鉴的案例。

2018 年，劲松北社区十几位居民联名写信给劲松街道，希望引入专业物业服务和老楼加装电梯。很快，街道将区域内 10 个老旧小区全部纳入旧城改造规划，进行统一升级改造。

同时，街道积极找寻符合居民要求的实施企业，而此时属于社会资本的愿景集团也正在寻找自己的第一个城区更新项目。通过朝阳区住建委“牵线”，劲松街道和愿景集团顺利接洽，经过多次考察、方案评审，劲松街道最终选择了愿景集团。

值得注意的是，劲松街道在选取实施方时，除了考核设计、实施水平等常规指标，还将投资和运营也纳入了整体考量。这一创新之举，成为“劲松模式”成功的重要前提。

由此，政府负责基础设施的建设改造，企业负责公共服务的社会化开发运营，政府企业各司其职，实现了社会效益、经济效益双丰收。

值得肯定的是，“劲松模式”蹚出了一条“微利可持续”的老旧小区投融资模式的路子。对此，愿景集团董事长陶红兵在一次专访中提到，**如果社会资本能够用长期经营、长期回报的思路来做老旧小区改造，企业可以获利，老百姓可以受益，同时也减轻了政府的负担，这三方都获益的情况下，这个事情就可以持续。**

由此可见，可持续运营的关键点，还是在于“多方获益”。引入资本，实现共赢，才能长久。

随着劲松模式的推广，“愿景”的脚步也在加快。2021 年 7 月的一篇报道称：“截至目前，愿景集团共有 41 个项目，签约面积 1.58 亿平方米，覆盖全国 15 个省份、23 个城市、33 个县区。在北京，除劲松外，还有四个区域的老旧小区改造项目正在进行中，分别位于石景山、通州、大兴和西城。”①

当然，“愿景”也有困惑：虽然城市更新市场前景广阔，但回报周期长，资金压力大。好消息是，相比于过去，涉及城市更新的整体金融环境正稳步向好。

---

① 张阿嫱：《愿景集团：积极参与城市更新 破解新市民住房难题》，《中国城市报》，2021 年 6 月 28 日。

打造“共同体”，才是运营最优解

党的十九届四中全会提出——完善党委领导、政府负责、民主协商、社会协同、公众参与、法治保障、科技支撑的社会治理体系，建设人人有责、人人尽责、人人享有的社会治理共同体。

腾讯研究院资深专家、教授级高级城市规划师王鹏发表文章称：“智慧城市的建设与治理需要规划、建设、运营和管理环节的共同努力和磨合，要善用运营思维，依靠市场化的机制，引导企业和市民参与城市创新，真正解决市场痛点。”①

无论是哪种表述，都在强调“共同”。而打造“共同体”将成为用运营思维来做社会治理的重中之重。

这也就不难理解，为什么好的运营，不仅要关注用户需求，更要带动用户参与，用户有了参与感和归属感，才能激发长久的活力。这是打造共同体的前提。而挖掘、引入、用好各种资源，意味着为平台运营找到最专业最合适的“最佳人选”，并能实现共赢。这是打造共同体的手段。

在共商共识的基础上建立长效机制，这是实现共同体的保障。

从这样的运营思维出发，才能真正让社区公共空间不再是“绣花枕头”，而是成为打造社区共同体的平台和载体，既有硬件设施的“面子”，又有活力满满的“里子”，成为社区里充满活力的“公共家园”。

在强化社区治理中的运营思维的过程中，建立品牌策划意识，形成品牌建设思路也很重要。社区治理中好的理念、好的做法需要宣传，不能只干不说，要通过有效宣传营造好的氛围和环境，要充分利用线上、线下各种平台载体，对有助于社区治理创新的信息进行多次开发、多次传播，从而形成精准传播、全面覆盖，更好推进社区治理效能提升。

---

① 王鹏：《善用“运营”思维 引导多元主体参与智慧城市治理》，中国建设新闻网，2022 年 3 月 15 日。

【从《意见》到实践】

让社区各类治理空间、平台用起来、运转起来、运营起来，才会打造出更多“聚居民、培组织、共商议、传文化、护弱老”的社区善治平台：

打造“看得见”的物理空间，搭建社区共治土壤；

明确“走得远”的空间功能，设定社区共治目标；

制定“行得通”的空间机制，助力共治持续发展。

在加强基层群众自治制度建设方面，《意见》紧扣习近平总书记提出的“健全基层党组织领导的基层群众自治机制”重要指示精神，对组织群众自我管理、自我服务、自我教育、自我监督提出了制度性、规范性、程序性要求，强调“建立基层群众性自治组织法人备案制度”“规范撤销村民委员会改设社区居民委员会的条件和程序”“规范村（居）民委员会换届选举”“完善党务、村（居）务、财务公开制度”等。在加强社会力量参与机制建设方面，强调“创新社区与社会组织、社会工作者、社区志愿者、社会慈善资源的联动机制”。①

底线思维：保有“乱云飞渡仍从容”的定力

底线思维是社区工作者必备的基础思维，是所有思维方法中社区工作者首先必须持有的。社区工作纷繁复杂，每天面对各式各样的困难和问题。唯有时刻怀揣底线思维，恪守法治底线与政治红线，才能保有“乱云飞渡仍从容”的定力。

---

① 李昌禹：《推进新时代基层治理现代化建设的纲领性文件》，《人民日报》，2021 年 7 月 13 日。

社区处于国家治理的神经末端，又和老百姓的日常生活息息相关，法治思维是底线思维，不可逾越半步。社区在公共治理的部分，应该遵奉“法无授权不得为”的审慎，合法合规合理使用权力，“使民以时”。同时，基层社区应该始终与中央保持一致，在治理过程中首讲政治。只有基层做到了“以老百姓为中心”，宏观上的“以人民为中心”才能落到实处。①

底线的“杞人忧天”与思维的“未雨绸缪”

提到底线思维，常人一般有两种理解。

一种是坚守底线的思维。所谓“做人守住自己的底线，也就守住了自己的人生”。底线，是为人处世最低的限度。法律，就可以视为一种底线。但对于基层社区工作者而言，底线要远高于此，清正廉洁、服务人民……这些都是我们的底线。

另一种则是本篇的重点——底线思维。**“在公共管理领域，底线思维被解释为以底线为导向的一种思维方法和心态，它要求认真估量风险，做最坏的准备，直面挑战而后行动果敢，追求最好的结果。”**②

两者的区别在于：底线，是静态的，一旦划定，它就是不可逾越的红线。你留意与否，它都在那里，一旦逾越，就动摇了我们为人处世的根基。**底线思维则是动态的，它更像是触发了的某种警报，要求人积极采取行动，以规避潜在的风险。**

底线思维早已根植在中华民族悠久的文化中。凡事预则立，不预则废，居安思危，先天下之忧而忧，未雨绸缪，防患于未然。贯穿在这些忧患意识中的，其实就是底线思维。

有人担忧，底线思维是否是杞人忧天式的“悲观主义”，潜在的风险不

---

① 任文启：《基层与动员：社会工作参与社区治理的基础与关隘》，《中国社会工作》，2021 年第 7 期。

② 杜善学：《善用底线思维 扎实做好工作》，《前进》，2014 年第 2 期。

是必然发生，而为此踌躇不前。**其实，底线思维是积极而进取的“未雨绸缪”。它让我们始终掌控着事态的主动权，并先于可能发生的结果作出考量和预判，以采取积极行动，将事态逐步扭转，朝我们期许的方向前进。**

“小切口”瓦解“老大难”

我们说，底线思维是要预计到最坏、最极端的情况，其应对往往就超出了我们的能力。

那，干还是不干？

必须干。再硬的骨头，我们也是可以一点点啃。社区中的“老大难”问题之所以难解，往往就是起初没有底线思维，从细小处一点一滴累积到烦冗复杂，如今要破解，也需要从底线思维出发，从细微处着手。

山东省淄博市张店区车站街道兴西社区如何破解老旧小区治理“老大难”问题？在他们称之为“有解思维”的指导下从细处入手。

社区居民爱养花，但花盆乱堆乱放，那就建起小花栏、花盆置物架、花卉集中摆放区，引导居民规范摆放，既美化了环境，也让居民爱好有用武之地；流动修鞋摊难管理、不美观，兴西社区在西二路西一街规划了便民服务点，每一个摊贩划分固定区域经营，既规范了摊位摆放，又不影响摊贩经营，同时也能为社区居民提供便利；居民随意拉扯晾衣绳，社区规划集中晾晒区，供居民晾衣晒被，既满足了居民的实际需求，又减少了由此带来的邻里矛盾。

看上去，兴西社区做的都是很小的事儿，但加在一起，却营造和展示出了规范文明的环境和氛围。他们把这种做法称为“有解思维”，问题很多，但不妨先解决能解决的问题，进而享受“进一步有一步的欢喜”。

我们经常说，社区治理“下绣花功夫”，说的不仅是工作要细致，其实也有小处着手的意思。

首先把一个复杂而连续的问题切分成无穷个简单的部分，然后分别求解，最后把结果组合在一起。

底线思维就是如此，预计最坏的情况，不是逼你后退，而是怀抱“凡事有解”“为时不晚”的信心和乐观，试着从小切口入手，破解“大难题”。

严守：基层社会治理中的法律底线思维

社会发展越是进入高速期，社会矛盾也越是进入高发期，基层社会治理难度在加大，必须坚持以习近平法治思想为指导，不断增强基层社会管理的成效。

基层社会治理需要良法善治，要坚持中国共产党领导，坚持中国特色社会主义制度，在已形成较为完备的立法、执法、监督和保障体系的基础上切实加强现代化法治建设。当前很多社会热点问题都是基层社会的突发性事件、公共事件或偶发事件等，一旦处理不当，会发酵为重大社会事件。因此需要加强社会治理的法治思维，在执法之前想到是否合规合法、程序是否正义、公民权益是否得到保护，切实提高社会治理科学化和法治化水平。

基层是将风险隐患化解在萌芽最直接、最有效力的治理层级。各基层需要学习“枫桥经验”，化解矛盾于无形之中，确保把小矛盾、小纠纷化解在基层。当前基层执法需要确保把“黑天鹅”事件化解在萌芽状态，见微知著、防微杜渐，加快推进基层社会治理法治化。

党的十九大报告指出：“加强社区治理体系建设，推动社会治理重心向基层下移。”“上面千条线，下面一根针”，基层治理是依法治国的“最后一公里”。对于推进法治国家建设而言，要重心下移，尽可能地“简政放权”，尽可能地“放管服”，将尽可能多的资源、服务、管理放到基层。支持和发展基层法治社会工作服务机构和志愿服务组织。深入推进多方面、多层次、全过程、全链条的防治，不断减少和消除产生的社会治安问题，最大限度构筑全面的社会治安防控体系。

敢于较劲儿，要靠平日之“功”

新冠肺炎疫情的暴发，一度暴露了基层治理中的很多问题。特别是社区工作者面对来源多重、头绪繁多、压力繁重的工作任务，千头万绪，精力分散，难以聚焦于服务。

所幸，他们知道自己的底线，他们坚守着底线思维。

他们在一线与疫情“较劲儿”。有的社区积极盘点社区居民实际困难，对接居民需求，发动社区志愿者，自谋方法获取稀缺物资，组织了较为有效的社区自救；有的社区迅速建立楼门群，及时发布信息，组织活动，疏导居民情绪……

坚守底线思维，关键也在“未雨绸缪”。

能够迅速组织起自救的社区，一定在平时积极运用协商议事、邻里互动等工具，组织居民参与到社区自主治理之中，不断培养社区居民自我管理、自我服务、自我教育的精神、意愿和能力。最好的准备是平日下苦工，把每一次工作做到细致、做到位。

我们所身处的，远非一个完美的世界。

大到国家，小到我们所处的社区中，各种风险、危机无处不在。奔走于社区之中，唯有时刻怀揣底线思维，练好平日之功，才能保有“乱云飞渡仍从容”的定力。

【从《意见》到实践】

突如其来的新冠肺炎疫情是对我国基层治理体系和治理能力的一次大考，在党中央、国务院决策部署下，各地基层组织和基层干部群众筑起群防群控、联防联控的牢固防线，为抗疫斗争取得重大战略成果作出积极贡献。2020年，习近平总书记在湖北武汉视察时强调，要着力完善城市治理体系和城乡基层治理体系，树立“全周期管理”意识，为推进新时代基层治理现代化建设提供了根本指引。健全基层应急管理组织体系，这是基层社会治理树立全周期管理意识、筑牢“底线思维”的题中应有之义。

《关于加强基层治理体系和治理能力现代化建设的意见》围绕“坚持全周期管理理念”的工作原则，在认真总结各地新冠肺炎疫情基层防控特别是社区防控经验的基础上，对“健全常态化管理和应急管理动态衔接的基层治理机制”作出了明确部署。在乡镇（街道）层面，要求健全基层应急管理组织体系，细化乡镇（街道）应急预案，建立统一指挥的应急管理队伍，吸纳社会力量参加基层应急救援，加强应急物资储备保障。在村（社区）层面，要求合理确定村（社区）规模，发挥村（居）民委员会下设的公共卫生等委员会作用，组织开展卫生防疫知识和应急知识普及，深入开展爱国卫生运动；强调“在应急状态下，由村（社区）‘两委’统筹调配本区域各类资源和力量，组织开展应急工作”。[①] 在县级以上层面，要求在明确乡镇（街道）、村（社区）综合服务设施功能和面积、推进综合服务设施建设时考虑应急等功能。

坚持全周期管理理念，筑牢底线思维，切实增强基层社会治理的行政执行能力、为民服务能力、议事协商能力、应急管理能力、平安建设能力。

数据思维：那些数字，就是超越的密码

科学技术的迅猛发展，让我们深陷于数据时代——我们掌控数据，也被

① 李昌禹：《推进新时代基层治理现代化建设的纲领性文件》，《人民日报》，2021 年 7 月 13 日。

数据掌控。

购物网站上收到的商品推荐，交通广播中播报的拥堵系数，抖音、微信里提醒的“可能认识的朋友”……所有这些与我们极其默契的“神贴心”，无不是大数据的功劳。曾经，我们惊讶于它的神奇与智慧，如今，我们享受其中。

在如此的时代背景下，作为社区工作者，我们早已深刻体会到，从顶层设计到基层实践，无不在强调数据获取和应用的意义，我们同时也意识到，数据不光是一项新技术、新工具，更是一种新的工作方法、一种思维方式。

这种思维方式，我们称为数据思维，简单说，是应用数据科学的原理、方法、技术，解决实际问题的思维逻辑。它的运用先展示个体的区别性，再寻找共性和差异性，最后针对这些细致的发现充分地发挥主观能动性。

就社区而言，数据思维，有利于帮助社区治理由粗放走向精细，由静态变为动态，由拍脑门的经验主义转变为科学化的理性分析。

关键时刻能“救命”的数据库

2020 年至 2022 年，是广大社区工作者们与“大数据”这几个字前所未有亲密接触的三年。

2020 年，习近平总书记在北京调研指导新型冠状病毒肺炎疫情防控工作时曾明确要求，要运用大数据等手段，加强疫情溯源和监测。对应到基层社区，就是与病毒赛跑的大数据核查、流调工作——24 小时内随时派单，有些社工单日拨打流调电话 200 多个，打到凌晨 4 点。

也许，因为大数据带来的工作量陡增，有些人难免抱怨，尽管有些人并不明白数据捕捉究竟如何实现，但他们不得不感叹：大数据正逐渐从“远在天边”的高端概念走向近在眼前的工作日常，相比过去的“敲门战术”，大数据技术大大提高了工作效率，较大程度地保障了安全，避免了疫情传播的风险。

在这场不断挑战社区工作者们生理极限的大数据排查中，用心的社区工作者们，依然没忘借助派单信息，进一步充实社区数据库，完善居民画像，为日后的工作储备数据原料，提供决策依据。

可别小看这个社区数据库，从人口基本信息，到房屋出租情况，从疫苗接种进度到老幼病残情况，一旦社区内出现阳性病例，要立即启动封控、管控时，这份数据库的作用往往是“救命”的。

苏醒的数字令人直呼“神奇”

起到“救命”作用的，是完备的数据库。而真正“救命”的，则是有越来越多的社区工作者具备数据思维。

往小了说，数据思维是一种卓有成效的工作方法，往大了说，数据思维为人类社会的民主化、科学化发展，带来了前所未有的机遇和挑战，提供了无限可能。

早在 2013 年，英国就发布了《把握数据带来的机遇：英国数据能力战略》，目的是在信息经济条件下，使其在数据挖掘、价值萃取和资源共享等方面占据世界领先地位，为其公民、企业、学术机构和公共部门创造更多收益。①

2015 年，国务院印发了《促进大数据发展行动纲要》，明确要求在 2017 年底形成跨部门数据资源共享共用格局。该纲要指出，大数据已经成为推动经济转型发展的新动力、成为重塑国家竞争优势的新机遇、成为提升政府治理能力的新途径。

彼时，数据已然成为世界各国争相发展的基础性战略资源。同样，对于全国各地的镇街、社区而言，在如何利用数据，创新精准治理、多方协作的社区治理模式方面，同样面临前所未有的机遇和挑战。

---

① 刁生富、邓凯：《公共数据资源共享的嬗变：从粗放式管理到精细化治理》，《探求》，2017 年第 6 期。

据媒体报道，中国首都核心区的核心——西城区西长安街街道，2016年开始探索运用数据思维，建立了“用数据说话、用数据管理、用数据决策、用数据创新”[①]的管理机制，让“沉睡的数字”在城市治理、民生保障、综治维稳等方面发挥精准的治理效益，“智能”地解决了百姓关注的幼儿入托难、摊贩违规经营、胡同停车难等诸多历史问题，让基层干部们深刻感受了数据的魅力，直呼“痛快”“神奇”。该街道的大数据中心还被列入国务院“放管服”领导小组全国调研典型案例。[②]

如此神奇的背后，是数据思维的逻辑——当“沉睡的数据”被唤醒，当思维方式被重塑，当民生脉搏被精准把握，一切皆有可能。

沃尔玛破译“啤酒与尿布的关联”密码

确实有一种可能，叫心有余而力不足。不能否认，社区作为社会治理的最小单元，处于管理体系的最末端，所掌握的资金、资源都相当有限。而如果有人仅以此为理由，认为运用数据思维困难重重，或许可以从沃尔玛和塔吉特的案例中收获些许启发。

为沃尔玛跻身世界顶尖零售商打下坚实基础的，正是其在20世纪80年代在公司内部安装的卫星系统。沃尔玛利用这套在当时尚属小众的技术，收集大量的运营数据，并进行实时传输、科学分析，最终破译了类似于“啤酒与尿布的关联”这样的营销密码。

成立于1962年的美国第二大零售商塔吉特，通过收集所有女性顾客的购物清单，进而“猜出”哪些是孕妇。其发现女性客户会在怀孕四个月左右，大量购买无香味、无刺激性乳液。由此推算出预产期后，将孕妇装、婴儿床、奶瓶等25项与孕产高度相关的商品优惠券，提前一步邮寄给客户。

---

① 邹倩瑜、郑宏松、胡意：《基于中台架构的科技政务数据治理模式研究——以广东为例》，《科技管理研究》，2021年第24期。

② 王嘉宁：《西长安街大数据治城获总理“点赞”》，《新京报》，2018年5月7日。

不仅如此，如果用户从它们的店铺中购买了婴儿用品，它们在接下来的几年中会根据婴儿的生长周期定期给这些顾客推送相关产品，使这些客户形成长期的忠诚度。[①]

如果我们的社区服务也能在居民中培育这样的忠诚度，众多棘手的问题是否也能迎刃而解？前提是，我们也要做到对数据的精准掌握、分析并长期跟踪。

时任总理的李克强曾在全国推进简政放权放管结合优化服务改革的电视电话会议上指出，目前我国信息数据资源80%以上掌握在各级政府部门手里，“深藏闺中”是极大浪费。

确实，就目前的情况而言，社区数据库的应用更倾向于统计功能，停留在纸面之上，被锁在柜子里，在事务决策中所发挥的作用尚不明显。试想陈列在社区档案柜里的生育证明开具台账、独生子女补贴领取台账、文体团队成员台账、污水井点位台账、门禁卡办理台账……它们之间，是否会存在某些神秘的关联？我们在举办活动时、开展动员时，是否能够借助数据，做到事半功倍？答案无疑是肯定的。如果我们为三年前开具生育证明的家庭，发出亲子读书活动的邀请，相信活动现场不会冷冷清清；如果我们能够察觉门禁卡办理人数与家庭成员人数出现较大差距，群租房就变得有迹可循；如果精准掌握各楼的厨余垃圾分出率，垃圾分类的宣传无须再平均用力……

太多的如果，太多的空间，太多的价值需要被激活。

博士书记如何提高疫苗接种率？

当社区工作者的数据思维的价值被激活，体验到的将是作为佼佼者的喜悦。

---

① 方方：《大数据时代的到来》，《新科幻（科学阅读版）》，2013年第4期。

深圳罗湖区东门街道东门社区党委书记熊博，就是脱颖而出的一位。熊博是澳大利亚昆士兰科技大学的博士，毕业后，毅然选择回到深圳，扎根社区，担任社区党委书记、工作站站长。

2021 年 5 月，熊博的重点任务是提高社区的疫苗接种率。当时，熊博充分发挥了自己“高级经济师”专业所长，将数据思维运用到了接种预约工作当中。

熊博向媒体介绍，为有效节约居民疫苗接种排队时间，防止大规模聚集，降低居民中暑的风险，该社区将接种时间科学地划为多个时间段，线下可以找网格员预约，也可以用手机在线上预约。居民按照预约的时间前来，既保障了秩序，又提高了效率。此外，在人员信息筛查和精准发动方面，熊博提议将疫苗接种数据与网格数据进行匹配，从而更精准筛查出未接种疫苗人群，通过政务短信敦促其接种疫苗，推动疫苗接种全覆盖。①

结果是可想而知的，东门社区疫苗接种率节节攀升，熊博书记也被评选为深圳市优秀共产党员。

博士毕业担任社区书记的还是少数，但是具备数据思维能让工作事半功倍已然成为共识。大家都已隐隐地察觉，未来不具备数据思维，不善用数据分析开展工作，注定会在越来越年轻化的社区工作者团队中，在越来越激烈的能力角逐中，惨遭淘汰。这绝非危言耸听。

相反，积极地培养数据思维，让社区里的“信息孤岛”连成一片，并加以科学的分析和运用，是对自身能力的锤炼、价值的加码，更重要的是，我们所期盼的社区治理高效化、高效化的成果，也必将呼之欲出。

---

① 许舜钿等：《罗湖区东门街道东门社区党委书记熊博：“数据化思维”赋能社区治理》，《深圳特区报》，2021 年 7 月 14 日。

【从《意见》到实践】

基层治理是国家治理的基石。《关于加强基层治理体系和治理能力现代化建设的意见》指出，要提高基层智慧治理能力。加强基层智慧治理能力建设，是信息化应用于基层治理的具体实践，是信息革命和基层治理深度融合的实践成果，也是基层治理顺应时代发展潮流的必然选择。

目前，大数据、云计算、互联网等现代信息技术正在加速向经济社会各领域传导渗透，但许多新情况新问题也因网而生、因情而增、因时而变，有的平台虽已建成，但只是初步实现了党务、政务、社会服务等“有形整合”，涵盖网站、微博微信、手机客户端等各种类型，但与其他各部门信息平台之间，还不能完全实现数据互联互通和实时共享，建设质量难以达到预期效果。[①] 要打破不同层级政府间和各职能部门间的信息壁垒，促进新旧制度融合，逐步构建综合、统一、安全的数据共享系统，努力推动“数据下沉”，减少“数据结节”，形成一体化、系统化的基层智慧治理格局，真正实现治理数据资源向基层开放、为基层治理所用。

迭代思维：社区治理过程，就是服务不断优化的过程

“迭代”，一个生死攸关的互联网热词

“小步试错，快速迭代。”无论是小米的雷军还是腾讯的马化腾，在行业大会中都曾多次讲到这句话。

---

① 李梦贞：《提高基层智慧治理能力》，湖南省娄底市委组织部，《中国组织人事报》，2021 年 7 月 19 日。

“迭代”最初是源于数学领域的一个专有名词，是数学中的一种算法，是指将初始值经过相应公式进行计算后得到新的值，并通过相同方法对新的值进行计算，经过几次反复计算得到最终结果的一种方法。①

进入计算机软件领域的“迭代”概念，已经由一种算法发展为一种方法、理念和思维模式。以无处不在的APP升级为例：通过用户的反馈再以最短的时间进行再次开发升级，并迅速推出新的版本供用户使用，然后再收集用户的反馈进行再开发——发布、反馈、再发布、再反馈，这样的一个过程就是一次迭代，经过几次迭代之后，就能达到相对完美的状态。

要知道，到目前为止，QQ已经进行了300多次的迭代。每一个越来越好用的功能，都是“企鹅”团队夜以继日、不停更新迭代的结果。还有一个最典型案例就是小米。它的产品从一开始就让用户参与进来，然后不断地更新和优化。

迭代，就是持续优化、不断升级。而迭代思维就是把这种“优化、升级”变为一种意识、一种思维模式，贯穿在生产和服务的全流程中，让用户不断拥有更好的体验。

注意，迭代思维的一个核心标志是：主动作为，自我革命。

如果我们把“迭代思维”引入社区治理过程，意味着我们的手段方法必须“与时俱进”，匹配上“人民群众不断增长的对美好生活向往”的需要。

请相信，它一定会成为改善我们工作的利器！

一个让人刷新认知的垃圾屋

2022年1月24日，九派新闻旗下官方区域资讯账号发布一条信息：南京板桥街道对30个垃圾分类环保屋“提档升级”。

---

① 李光斗：《移动互联网时代的迭代思维》，《福建质量管理》，2014年第3期。

垃圾分类

三十多个垃圾屋，
提档灭菌臭味除。
分类分解分层次，
五体投地令人服。

社区好像大家族，
成员其实也知足。
迭代升级新体验，
心里感受好幸福。

《红动社区》这本书，
为你思维架通途。
客户永远是上帝，
让他微笑不再哭。

文中说：为方便居民分类投放垃圾，保障小区环境卫生，南京市雨花台区板桥街道对辖区内 30 个垃圾分类环保屋的除臭设备进行了提档升级。升级后的管道式新风除臭杀菌机可对室内及垃圾箱箱体内气体进行收集，再分解净化，大大改善了环保屋内空气质量。

这段不过百余的文字中，“垃圾分类环保屋”“除臭设备”以及“提档升级”“新风除臭杀菌机”等诸多词汇直接刷新了人们的认知！

同样是在南京，栖霞区尧化街道金尧山庄环保屋内——

“小睿小睿，废旧电池是什么垃圾？”

“小睿”机器人与投放垃圾的居民进行智能语音对话，一旁的垃圾分类处理大屏上实时记录着垃圾分类合格率、投放质量等大数据，垃圾分类指导员正引导居民正确投放。

垃圾分类质效难提升、垃圾未分类日常取证难、运营费用高等问题是推进垃圾分类的难点。为治理垃圾分类工作中的痛点难点，南京栖霞区以迭代思维升级管理思路，借力“智慧”设备精准提升分类效能，积极探索生活垃圾分类数字化治理新机制。新设备具有自动称重、刷卡积分、数据自动上传平台等功能，可利用摄像头监管垃圾分类投放行为。针对误投或错投行为，智能桶盖将自动识别上传系统，并以手机短信息的形式发送给居民。

以问题为导向，升级管理和服务思路，就会让居民群众参与社区治理的路径更便捷、更高效，而对社区工作者而言，当我们主动把握了居民群众的需求，努力迭代更新了服务思维，社区治理效能也将得到明显提升。

而在具体拓展迭代思维的实操层面，我们还可以研读日本丰田公司的理念和方法。

丰田的“现地现物”：工作不是“作业”

许多人可能不知道，丰田汽车之所以极具市场竞争力，原因在于它的理念：工作＝作业＋改进。

丰田的管理者认为，虽然标准规定了该如何进行每项作业，但如果只是一味地遵守标准就成了单纯的“作业”，而不是工作。工作就是不断完善（改进）现有的标准，在此过程中，“维持现状与改善现状”是两个动态平衡、相互促进的关系。

在丰田，“合理化建议制度”是一种促使一线员工进行思考并收集其创意的机制。该制度已有大约 60 年的历史，广泛收集了来自一线员工的意见，这些意见从基础的改进难以操作的作业等，到大规模改变生产线等重大决策，范围十分广泛。从过去到现在，累计的案例总数超过 4000 万件，这一数字也表明了该制度已经成功地收集了众多一线员工的意见。

这一制度促使丰田一线员工主动思考，而不是流水线上的一个被动环节，每一个一线员工都可以是为提升现场力作出贡献的一分子。

如果我们把“维持现状与改善现状”同步，用改进的“工作”态度而不是完成“作业”的心态去面对社区需要解决的问题；将“合理化建议制度”的主角从丰田“众多一线员工”替换成小区居民的投诉或是需求，那么，迭代思维就可能变成实实在在的“迭代成果”。

需要强调的是，社区治理中有些难题不可能一步到位获得解决。这种情况下可以考虑不断迭代，通过小动作提升服务的方式，不断对社区治理行为进行迭代升级，从而实现对居民群众服务品质的提升，通过迭代让居民实现获得感。

丰田的另一个管理理念为我们提供了更加精准有效的操作方法：“现地现物”工作法。在丰田的“精益生产”体系中有一个经常被提到的词：“现地现物”。英语通常把它翻译成“自己去看”。直白地说，企业要做决策就得了解顾客的真实需求，怎么了解？不能坐在办公室里蒙，得走出去跟他们接触；工作里出了什么问题，也得到一线去，自己发现，丰田有个硬规定，管理者如果没到一线体察，光凭汇报是不能做决策的。

“自己去看！”是不是很像我们说的没有调查就没有发言权？

研究“丰田模式”的一位美国人杰弗瑞·莱克在采访丰田后，是这么说的：“不管是在制造、产品开发、销售、分销还是公关部门，最常听到的第一反应是‘现地现物’，除非亲自观察，你无法确定自己是否真正了解任何商业问题中的任何部分，想当然和依靠别人的汇报都是不能被接受的。”①

丰田把“现地现物”做到了什么程度，来举个例子。

有路就有丰田车。2000 年前后，丰田希望把这句话发扬到美国去。可美国人需要什么样的车，负责开发北美市场的首席工程师横谷雄司也不知道。丰田把宝押在了 2004 款新塞纳的研发上。

但这款车究竟该怎么改？横谷雄司决定，到现场去！

他开车走遍全美国 50 个州、加拿大 13 个省和墨西哥的所有地区，总行

---

① ［美］埃里克·莱斯：《精益创业》中信出版社 2012 年版。

程 53000 英里。在各个小城镇和大都市，横谷除了观察真实顾客并与他们交谈之外，就是租一辆当年款的塞纳驾驶，横谷根据北美消费者对小型厢式车的要求提出了一些重要假设，从这些第一手观察资料中，他得以对这些假设进行评估。

横谷发现，向他的顾客销售产品不容易：拥有这辆车的可能是父母或祖父母，但扮演支配角色的是家里的孩子，因为他们占据了车厢后面的 2/3，因此，孩子的因素至关重要，他们也是最关心车内环境的，如果说在旅途中他学到了什么的话，那就是新塞纳必须对孩子有吸引力。

找到这些对新车开发很有用。比如，横谷就把开发预算的相当一部分花在了内饰的舒适度上，这对家庭长途旅行非常重要，而这样的长途旅行在美国比在日本多得多，他要是不出差考察，这些都是想不到的。

新塞纳究竟卖的如何？业绩令人叹服，塞纳的市场份额取得了惊人的增长，2004 款塞纳销量比 2003 款高出了 60%，给丰田打开北美市场开了个好头。

可以是“一夜蹿红”，但绝不会是“一劳永逸”

横谷很牛，丰田很牛。最牛的是，“到现场去”这一人人认可并严格操行的理念。这一理念也正是我们“迭代思维”能否成为“迭代成果”的基本保障。

需要指出的是，迭代思维是一种以人为核心、循序渐进的思维方法，在操作中允许有所不足，不断试错，在持续迭代中完善产品。它可以是“一炮打响”，可以是“一夜蹿红”，但绝不是“一蹴而就”的侥幸，“一步到位”的欢愉和“一劳永逸”的满足。

社区生态圈是在不断发展的、没有尽头的，迭代也是循序渐进和逐步完善的，由此带来幸福感、获得感、满足感，也是逐步传导、相互感应的，社区居民会感受到，社区工作者也会感受到。

循序渐进和逐步完善要求我们把握两个重点，一个是“微”，另一个是“快”。

所谓“微”，是从细微的用户需求入手，贴近用户心理，在用户参与和反馈中逐步改进。“可能你觉得是一个不起眼的点，但是用户可能觉得很重要。”360 安全卫士当年只是一个安全防护产品，如果你注意到卸载时的弹窗内容，你就会明白它后来能成为新兴的互联网巨头的原因：它在你最后决绝离开的时候仍然顽强地让你回答“为何放弃我？”[①]

所谓“快”，即“天下武功，唯快不破！”只有快速地对消费者需求做出反应，产品才更容易贴近消费者。Zynga 游戏公司每周对游戏进行数次更新，小米 MIUI 系统坚持每周迭代。

本节前面引用的“垃圾迭代”案例中，居民大妈喊冷，社区立马回应“错峰降温”就是在细节中发现需求，在快速改进中实现“用户体验完美升级”。

回到我们的社区治理。

运用“迭代思维”的目的是“不断满足人民对美好生活的向往”的需要。关于这一点相信所有社区工作者的认识是高度一致的。分歧在于操作。

最近几年，我们常常听到一个高频词，叫作“工匠精神”，这是一种非常值得倡导的精益求精的产品理念和工作态度。但是，凡事如果过于精细，往往掉进“完美主义情结”的坑里无法前行——产品功能必须设计得非常全面、非常完美才肯推向市场。须知，这样的想法结果往往是，总是对事情不满意，从而导致进度一拖再拖，终于拿出自认为满意的成果的时候，已经错失了最佳机会。

完全意义上的工匠精神是建立在“完成”的基础上。无论是学习一项技能还是做一件之前没有做过的事情，在开始之前，都要平静地接受自己——“先完成，再完美”，尤其当自己因为一件事情不够完美而裹足不前的时候。

完整意义上的“迭代思维”是，不停地迈出第一步！

---

① 赵大伟：《互联网思维独孤九剑》机械工业出版社 2014 年版。

本篇小结

认知是思维的基础，思维方式决定了工作方法。

如果把社区工作看作行政指令，居民群众就感知不到我们的服务态度，我们的社区治理行为也就自然不会取得很好的治理效果；思考问题的逻辑起点如果没有真正契合群众需求，没能更好借力打力，没有深刻领悟社区治理的本质内涵，工作效能也就无法得到提高。

《红动社区》这本书带你一起拆掉思维的墙，通过分享跨领域、跨行业的思维理论与实践，帮助社区工作者换一种工作方式，让社区工作者意识到：社区治理，原来，还能这么干！

方法篇●

阅读导入

如果说《红动社区——认知篇》解决的是社区工作者对新时代社区生态、社区治理行为、社区工作者岗位职责、社会组织及多元治理主体发挥作用的认识问题，《红动社区——思维篇》解决的是社区工作者如何从跨领域的思维模式中找到改变思维定式、更新工作理念的启发与借鉴，那么《红动社区——方法篇》则是以“一活五动”核心理论为依托，找到破解社区治理中深度治理与源头治理的方法与路径：一方面聚焦解决居民群众“急难愁盼”、聚焦解决社区深度治理的现实问题；另一方面站在构建熟人社区、形成和谐社区生态的层面，提出具有探索价值的解决路径。不仅破解当下社区治理中的现实问题，更要有眺望社区治理的“诗与远方”、努力寻找社区源头治理的最佳途径的责任感。

“一活”指“活力”。社区治理活力体现为社区工作者的治理行为、思想及面向居民群众表达上的生动性。通过开展党建引领的丰富多彩的社区活动，可以有效激发社区活力、提高社区治理效能，“活力”是社区治理的良性表征。

“五动”指“红动”“互动”“联动”“智动”“活动”。动，是基层治理工作推进的核心概括，也是一个形象概括；动，是基层作为；动，是群众响应；动，是多方呼应；动，是群策群力……有“动”才有变化，有变化才有活力。对应社区治理的一般流程：“红动”是党建引领，“互动”是动态问需，“联动”是整合资源，“智动”是匹配工具，“活动”是外化动作。

《红动社区——方法篇》将许多社区业已存在的“治理方法”理论化、逻辑化、实操化：以“红动”即党建引领为覆盖全部工作领域的理论统领，以社区活动为根本载体，以联动、互动、智动为基本方法，力求“五动”相辅相成，为社区工作者生成高效能工作的内驱力。

一活五动

一个活字在心间，
就像大海浪连天。
每朵浪花皆给力，
每次涌动总无眠。

红动党建水有源，
互动与你手相牵。
联动整合新局面，
智动火了朋友圈。

活动精彩万万千，
诗与远方动心弦。
一曲激活新思路，
红动社区方法篇。

红动：党建引领激活社区治理“红色”动能

长期以来，基层社区治理一直受公众参与少、社会协同少、矛盾纠纷多、公共服务需求多等“两少两多”问题困扰。

如果您是一名基层社区工作者，以下的场景和困惑您一定会觉得熟悉。

“社区工作一点儿也不轻松，我们忙里忙外，为居民群众做了大量工作，但群众却常常不买账，让我们委屈又犯难。”

党建引领

一轮红日正东升，
一面红旗舞苍穹。
一片鲜花开满地，
一座墙壁铁和铜。

一声号角像春风，
一群战士似蛟龙。
一路走来经风雨，
一种信仰映山红。

一腔热血铸成功，
一曲高歌唱英雄。
一部百年奋斗史，
一个红动贯全程。

“社区党组织的职能到底有哪些？天天都在忙具体事务，面面俱到导致党务工作者不堪重负。”

“社区里‘隐形党员’‘口袋党员’多，老旧小区的党员更是老年人多、青年人少，组织活动没人来，更别提发挥组织功能了。”

“实打实的疫情防控，让社区与居民之间的关系达到了亲密的顶点。后疫情时代，社区工作者又该如何维系好不容易建立起来的亲密关系？”

其实，所有的这些困惑，都可以归结为一个最本质性的问题——基层工作，到底什么才是核心？只有明确工作的核心，抓住重中之重，才能应对变化和矛盾，牵一发而动全身。

进一步讲，在社会治理领域如何避免“一管就死，一放就乱”，真正打通秩序与活力之间的通道。

当前，社区居民的构成以及居民对生活的需求日益多元化，对社区治理提出更高要求。作为党和政府联系、服务居民群众的“最后一公里”，社区党建是城市党建工作的重要基础。**如何实现社区治理整合秩序与活力双重功能，实现两者和谐相统一？**调查发现将二者有效整合的治理案例，其成功无一不是**将党建引领作为贯穿整个社区治理历程的关键力量。**

党的十九大指出，党的基层组织是确保党的路线方针政策和决策部署贯彻落实的基础。要以提升组织力为重点，突出政治功能，把企业、农村、机关、学校、科研院所、街道社区、社会组织等基层党组织建设成为宣传党的主张、贯彻党的决定、领导基层治理、团结动员群众、推动改革发展的坚强战斗堡垒。社区党组织是中国共产党的路线方针政策在基层社区的执行者，也是社区公共事务与政治生活的主要领导者和广大社区群众根本利益的代表者。①

中央相关文件已经明确要加强以社区党组织为基础、社区党员为主体，社区内各机关、企业、事业单位等基层党组织共同参与的区域性党的建设，充分发挥基层党组织的领导核心作用。②**所以，以党建引领作为核心，通过党组织、党员为核心领导力的各方力量共同参与形成共识、共同行动，这是推进社区治理的关键所在。**

“红动”的力量认知　以党建促效能

2021年中共中央、国务院发布的《关于加强基层治理体系和治理能力现代化建设的意见》强调，要完善党建引领的社会参与制度，搭建区域化党建平台，推行机关企事业单位参与乡镇（街道）、村（社区）党组织联建共建，组织党员、干部下沉参与基层治理、有效服务群众。这是新时代社区治理的

---

① 曾业松、鄞爱红、郑寰、青连斌、陈梦琳：《解码新时代“枫桥经验”》，《中国领导科学》，2019年第6期。

② 谢媛、朱国红：《浅析社区党建模式的管理与创新——以成都市为例》，《青年与社会》，2019年第8期。

重大举措。[①]

社区党建与传统基层党建相比，有着新的内涵和新的目标指向，即“巩固党的基层组织，改善党的基层组织的活动方式，强化党对社区活动和社区建设的主导，密切党与社会、党与人民群众的联系，构建党的领导和执政的广泛的社会基础，提高党组织整合社会的能力”[②]。

关于党建，需要关注的问题很多；例如怎样延伸党组织的触角、怎样创新党建活动、怎样搭建党建阵地、怎样挖掘社区党建资源、怎样实现党建工作品牌化。马斯克利用“第一性原理”思维方式解决战略问题，我们也应该有“第一性原理”，回归到党建本质来思考。

在具体工作中，作为社区工作者，特别是我们的社区党组织书记体会到，党建引领与社区治理进一步融合。**所以我们有必要和社区党组织书记一起搞清楚：什么是党建？**

所谓党建，就是党的自身建设。这其中既包括党的政治、组织、作风、思想方面的建设，也包括反腐倡廉以及制度等方面。党建引领社会治理就是要求党组织发挥自身先进性，通过党的建设引领社会治理效能提升，可以说，党的领导始终是推进社会治理创新的重要保障，而社会治理创新更离不开党建工作的有力推动，社会治理过程就是要贯彻党的基本路线方针政策，将党的执政理念融入社会治理的全过程。

以那一抹鲜红的党旗颜色为标志，我们把党建引领的社区治理形象概括为“红动”。只有将“红动”贯穿社区治理行为的全过程，才能真正实现“通过党的建设引领社会治理效能提升”。

具体来说，“红动”是对党建引领社区治理的形象概括。“红动”就是要统一思想认识，让社区基层党组织成为凝聚党员群众的主心骨，让党员干部

---

① 刘永泽、向德平：《论新时代党建引领社区治理的社会基础——基于“社区第一书记”模式研究》，《学习与实践》，2022 年第 2 期。

② 何绍辉：《党建引领与城市社区治理质量提升》，《思想战线》，2021 年第 6 期。

成为推动社会治理的领头羊，充分发挥党组织在思想、作风、目标、方法等方面的引领作用，进而带动群众参与社区治理。

“红动”是根，是所有社区工作者对社区工作的认识和思想根基。基层治理现代化，要求治理重心必须沉下去。只有将党旗扎根在居民群众的心坎上，将党的组织触角延伸到各个角落，才能稳稳托住社区治理的“底盘”。

“红动”是初心，是所有社区工作者做好社区工作的着力点。居民的柔性、个性化需求，考验着社区的精细化治理能力。只有把党建引领社区发展治理作为发力点，坚持党建统领的总体思路，才能在社区治理上下好“先手棋”，打好“主动仗”。

“红动”是方向，互动靠红动增强权威感、信任度，促进各方形成共识；联动各方资源、汇聚各方力量，靠“红动”打头阵当先锋；“红动”让“活动”有方向，产生推动社区治理不断优化的正能量。只有把“红动”作为出发点，强化党建引领，把加强基层党的建设作为一条红线贯穿社区治理，一个个社区才会由点成线、由线成面，最后形成一股坚不可摧的社会发展动力，才能让社区治理有根有魂，充满生机活力。

“红动”的三种类型　相辅相融促成效

既然“红动”是党建引领下的社区治理，那么在哪些情形、节点、关口，最能彰显“红动”的价值和力量？

我们可以先把治理具体实践中党建引领社会治理的几种主要类型做梳理：主导式引领、协商式引领、自治式引领。

第一种，主导式引领。面对社会治理顽疾、公众参与度比较低的治理问题，需要借助党的力量、发挥党的先进性，通过科学规划主导社会治理过程，推动社会发展，满足民众需要。主导式引领强调党组织发挥主导作用，推动形成共识，促进问题的解决。

以福建省龙岩市新罗区为例，我们探寻党建“密码”发现，近年来，该区着力打造“抓党建、强基础、聚合力”这一特色治理模式，通过不断完善体制机制，实现有效的党建引领。第一，坚持高位推进，以《党建引领社区治理三年提升行动实施方案》作为机制保障和政策支持；第二，坚持重心下移，党建指导员挂钩联系社区、小区实行制度化落实机制，每年投入2000万元提升100个薄弱小区，以此来强化提升市直、区直部门与社区、小区共建实效；第三，坚持注重实效，全面推行在职党员由社区报到向小区报到的转变，聚焦民生痛点，在无物业小区管理、消防设施陈旧、停车难等问题上持续破题，提供更加多元化、个性化、专业化服务；第四，坚持培育典型，深入开展“一社区一品牌”“一小区一特色”创建活动，加快城市基层党建示范点、联系点建设，打造一批样板小区，以点带面、全面推开。①

第二种，协商式引领。当党组织介入、民众参与意愿都比较强时，协商式引领就是要发挥多主体的优势，依靠自由交流协商治理社会问题，让协商结果成为推动社会发展的力量。

江西省南昌市西湖区推行的“幸福圆桌会”正是如此。在转变干部作风同时激发群众“主人翁”意识，延伸基层管理链条，将话筒交给群众，把焦点摆在桌面。“幸福圆桌会”以社区党组织为主体，参与人员采取固定人员与机动人员相结合的弹性机制，分十个步骤进行：选议题、定人员、出方案、先沟通、发通知、议好事、公结果、跟进度、抓督导、建台账。干部群众“插花坐”，一个细节就打破了身份区分，让群众消除了顾虑。“急难愁盼”摆上桌，召集社区干部、居民代表和相关利益方坐在一张桌子上，大家见了面、碰了头，就有了畅所欲言的基础，就有了打开思想围栏的可能，圆桌会聚焦群众“急难愁盼”的民生实事，原本沟通不很充分的社区和职能部门也可以现场听取各方意见，最终形成解决方案。“群众评议”说了算，以“圆

---

① 刘玉荣：《强化党建引领提升社区治理 切实解决群众“急难愁盼”》，《闽西日报》，2022年1月9日。

桌会”等形式收集民意后，着眼于解决问题，通过建立活动台账，明确责任人、时间表，及时在社区通报结果，接受群众评议。“幸福圆桌会”是提高政府办事效率、激发群众参与公共事务热情的“幸福会”，是打开社区治理难题的“金钥匙”。①

第三种，自治式引领。推进居民自治的过程特别强调公众参与，党组织以引领自治为主要追求，依靠社会本身的治理制度、已有资源和能力破解治理难题。

“发动和依靠群众，坚持矛盾不上交，就地解决，实现捕人少、治安好”②，这是20世纪60年代浙江省绍兴市诸暨枫桥的干部群众在社会主义教育运动中创造的“枫桥经验”。1963年11月，毛泽东同志批示，要各地仿效，经过试点，推广去做。“枫桥经验”在此之后不断发展，形成了“党政动手，依靠群众，预防纠纷，化解矛盾，维护稳定，促进发展”的社会治理典范。③

“枫桥经验”之所以历久弥新、不断焕发生机，关键在于党把群众路线贯穿于基层社会治理的全部活动，始终坚持以人民为中心，充分依靠广大人民群众，从群众中寻找解决问题的方案和办法，依据群众的实践和创造完善政策主张。一方面，实行定期接访、主动约访、上门走访制度，倾听群众呼声；另一方面，发动群众、组织群众、支持群众，为群众提供参与社会治理的各种渠道，特别是建立健全各级社会组织服务平台，努力做到专业人干专业事、志愿者干自愿事。④

这三种引领方式集中体现了党建在社区治理中的重要作用：在理念上，以党的思想建设引领社会治理理念的创新，能够保障社会治理工作沿着正确

---

① 胡锦武、范帆：《“幸福圆桌会”：让群众站“C位”》，《新华每日电讯》，2022年2月22日。

② 赵朋乐：《矛盾不上交，55年“枫桥经验”有了新气象》，《新京报》，2018年11月12日。

③ 刘志松：《“枫桥经验”引领基层矛盾纠纷解决》，《中国社会科学报》，2013年11月27日。

④ 曾业松、鄯爱红、郑寰、青连斌、陈梦琳：《解码新时代“枫桥经验”》，《中国领导科学》，2019年第6期。

的方向前行；在体制上，以党的组织建设推进社会治理体制机制的革新，确保行稳致远；在效果上，以党的作风建设彰显和巩固社会治理的效果，强化作风建设是提升党引领社会的治理能力，推进社会治理更加深入的重要方法。

应急大考见真章　党建强则治理优

在此次疫情防控阻击战中，红色引擎发挥了坚定且强大的力量，各级党组织和党员干部第一时间投身一线，压紧压实疫情防控的责任链，日日夜夜，一幕一幕，令人动容。

机关党员下沉一线，在疫情防控的重点领域和重要卡口建立临时党支部，组建党员突击队、志愿队，设置党员先锋岗，探索出“一个党员一栋楼”“一面党旗一个村”“走亲连心三服务”“企企铺铺见党员”等党建引领一线工作法……党建引领形成基层抗疫的合力，为全国65万个城乡社区构筑起一道道“铜墙铁壁”。

疫情防控作为一个应急检验，让普通群众对党建引领的社区治理有了更深刻的感悟：舍生忘死最先冲在一线的是共产党员，急难险重面前勇敢逆行的是共产党员，党组织覆盖之处就是群众从容淡定之所，社区党组织书记也在疫情防控中“圈粉”无数。

习近平总书记在全国抗击新冠肺炎疫情表彰大会上的讲话中更是特别指出，抗疫斗争伟大实践再次证明，中国共产党所具有的无比坚强的领导力，是风雨来袭时中国人民最可靠的主心骨。中国共产党来自人民、植根人民，始终坚持一切为了人民、一切依靠人民，得到了最广大人民的衷心拥护和坚定支持。可以说，党建引领是中国特色社会主义社会治理事业的鲜明特征和最大优势，像跃动昂扬正能量的红色引擎，引领基层社会治理体系和治理能力现代化。

不管是在疫情防控这场大考中，还是在日常工作中，那些党建引领工作做得好的社区，共建共治共享效果也更好。这样的例子比比皆是。

在四川成都，“找党员、建组织、优机制、聚合力、植文化”五步工作法，既能有效化解物业纠纷，又能支持小区居民的自治；在广东、上海，区域化党建机制，能有效整合驻辖区企业、单位、社会组织开展社区治理，高质量推进社区的互联共建。①

在北京，“接诉即办”是对“吹哨报到”机制的深化，快速重点解决群众身边的操心事、烦心事、揪心事，在推进超大城市治理体系和治理能力现代化的事件中，打通了服务群众的“最后一公里”，切实提升了广大市民的幸福感和获得感。“接诉即办”的发起者是民众，问题解决者是各类治理主体，而真正促使诉求与治理主体有效匹配，以及问题解决具有可持续性的则是坚持党的领导。②

党旗飘扬

社区要想做得好，
党建引领是法宝。
一个支部一盏灯，
照亮人心驱烦恼。

领头飞雁起得早，
红动先锋有五老。
小区幸福圆桌会，
经常鞠躬是领导。

为民忙乎争分秒，
书记铁粉不老少。
服务形成凝聚力，
大旗飘飘永不倒。

---

① 吴晓林：《以社区党建引领社区治理》，《咸阳日报》，2019 年 7 月 15 日。

② 孙进军、赵丹阳：《党建引领基层治理的新探索——北京市创新推进“街乡吹哨、部门报到”工作纪实》，《党建》，2018 年第 12 期。

建强红色堡垒　社区书记是“领头雁”

一个支部一盏灯，一名党员一面旗。基层党建工作离不开每位党支部书记和每名党员的作用发挥，其中社区书记更是中坚力量。作为党在社区工作的领头人，他们担负着全面贯彻落实党和国家大政方针政策，推动社区经济社会全面发展的重要职责。当好新形势下的社区书记，既是一项技术，又是一份责任；既是一种挑战，更是一门学问。

社区书记，就像建强基层红色堡垒的领头雁，对于这个领头雁，党是有要求的，“信念坚定、为民服务、勤政务实、敢于创新、清正廉洁”，这是党的好干部的标准，也是社区好书记的标准。

而在面对社区党建工作时，社区书记的认知和态度，也尤为关键。

在我们采访对话过的社区书记中，如果按照对待党建的不同认知与态度来区分，分为三种类型。

第一种类型是对党建认知上有偏颇，重视业务工作，相对忽视党建工作。认为社区治理的实际业务工作可以取代党建工作，认为只要具体抓老百姓关心的实事项目就算是有用有效的社区治理。

第二种类型是把党建当成工作任务，按部就班，指哪打哪。“三会一课”等该有的基本要求全都照做，该上报的基础材料一样不少，貌似挑不出什么硬伤，但是党建工作与业务工作之间不说话、不交叉、不相融。

第三种类型是有更多的社区书记，坚定相信党建引领就是自己工作的法宝。他们认为任何工作，只有抓住了关键，有了抓手才能干好，而这个抓手就是抓党建，抓党建就是抓关键。于是，他们把党建看作统领一切社区治理行为的关键，而这些党建工作做得好的社区书记，他们的社区治理也很优秀。

在浙江省衢州市柯城区白云街道春江月小区党支部书记、业委会主任张明看来：“小区管得好，百姓没烦恼；小区要管好，党建是法宝。”

近年来，浙江衢州春江月小区一改当初“乱搭乱建、拖欠物业费、邻里关系紧张”的旧面貌，多次获得衢州市五星有礼小区、衢州市优秀业委会等荣誉，成为远近闻名的明星小区。这一喜人变化靠啥？靠的就是党建这个“法宝”。

2019年，在白云社区的指导下，小区党支部应运而生，业委会9名成员中有8名党员，党的领导得到强化：推出党员“红管家”先锋队，发挥小区党员“带头”作用；建立“红色物业联盟”，建成了博爱幸福驿站、数字便利小屋、社群中心、百姓健身房，在小区内形成了3分钟便民生活圈、全天候服务链、全人群服务面。通过发挥支部统领业委会的作用，通过盘活小区内的店面、游泳池、电梯广告、停车位等公共资源，实现小区公共收益从零到350万元的跃变，不仅每年给业主发放福利，还对见义勇为、参军、上大学的居民进行奖励，居民的幸福感、归属感越来越强。这些变化，离不开“领头雁”的引导与带动。

群众对党组织信赖，一个是因为对社区书记有了解，另一个是身边党员的榜样力量。社区书记作为基层党组织的负责人，要紧紧围绕新时代党的建设总要求，切实履行好基层党建第一责任人的职责，必须要扎实做好抓基层、打基础的工作，使每个基层党组织都能真正成为坚强的战斗堡垒，从而确保党的路线方针政策在基层的全面贯彻落实，确保基层社会的稳定。

基层党建，要坚持“书记抓、抓书记”并重。作为社区书记，既要把抓好社区服务作为第一要务，切实履行好社区党建“第一责任人”的重要职责，也要重点落实社区书记抓党建工作职责，确保基层组织工作任务全部落实。当然，社区党组织是一个大舞台，社区书记不是一个人在唱独角戏，社区党委需要把社区各类资源主体都调动起来，让每一个人都实现自己的价值，形成一个大合唱，这才是社会最和谐的乐章。

加强服务力　始终坚定为民做实事

我们常说厚植党执政的群众基础，怎么厚植？就是要为群众解难事做好事，真正让人民群众成为党组织的热心追随者、无条件拥护者和全身心支持者。

怎样加强社区党建的服务力？找准群众关切是关键！将这个关键点与党建牢牢关联，真正抓住社区居民最关心什么、破解社区治理的难点问题在哪里，真心真情联系群众、发动群众、服务群众，春风化雨般化解矛盾纠纷、提升社区服务，就一定能让党建的根基扎于群众之中，不断增强党组织的凝聚力和向心力。

社区服务是社会保障的重要组成部分，具有五个基本特点：**一是福利性**，以方便群众、增强群众对社区的归属感、认同感为目标；**二是群众性**，城市社区服务本质上是群众性的自主服务行为，必须依靠群众又服务于群众；**三是地域性**，是一种就近性、属地性服务，服务对象以辖区成员为主，着眼利用合力开发本社区资源；**四是互助性**，群众既是参与者，又是受益者，倡导“我为人人 人人为我”的精神；**五是综合性**，需要许多政府职能部门齐抓共管。

各地都不乏动迁安置型老式社区，梅村就是20世纪80年代末90年代初建成的这类社区。在梅村2369户、6500人常住居民中，60岁以上老人2474名，老龄化比例约为38%，离退休党员240人左右，梅村党总支下设4个党支部。老人多、房型多、弱势群体多、出租房多是梅村的“四大难”。

在这样的情境下换位思考，居民内心的焦虑与纠结、个体利益诉求等长时间不能得到及时回应，就难免因各种事由发泄个人情绪，把矛头直接指向街道、居委会。另外，梅村垃圾满天飞，居民有时直接从窗户将垃圾往下倒，几乎没有人愿意参与社区公共事务……多重治理困境，持续十年无法突围。这就是梅村在2011年以前的景象，被媒体甚至居民自己称作“垃圾梅村”。

怎么办？党组织决定软硬兼施！“硬”就是针对梅村社区治理面临的实际，对破坏小区环境的不文明行为坚决进行监督和惩治；“软”就是更多通过成立“绿主妇 我当家”低碳环保组织、绿主妇环境保护中心，形成垃圾分类回收、“家庭一平米小菜园”、“绿主妇议事会”、“爱心编结社”等品牌项目，为居民搭台、由居民自己来唱戏，不断挖掘社区居民自治意识，提升居民参与的主体性。①

只关注问题本身，问题越来越大；着力提升服务，问题在服务的化解下越来越小——这就是梅村治理发生转变的关键所在。梅村的实践告诉我们如何实现社区治理中秩序与活力并重的目标。政治引领要通过有温度的社会化服务得以实现。

激发内驱力 构建意义共同体

治理是一个复杂多方参与，构建共识，大家共同形成行动自觉，然后共同使这个社区变得更好的过程。如何吸引大家参与，不是靠利益，也不是靠命令，靠什么？激发“意义”感，产生内驱力。

比如，想要解决小区停车这个“老大难”问题，就要构建一个叙事，可以是“共享停车位”这样的“睦邻”社群建设，后面就是一系列大家都熟悉的操作，发通知、开头脑风暴会、形成共识、通过共识、宣传倡导……这就是治理的过程。

基层党建、社区治理首先要持续推出有意义感的服务、项目、活动，以及治理机制、治理体系，让居民觉得参与这个事情有意义。其次要提升组织力。组织力怎么体现？横向上加强区域化党建，以此完善社区党组织的功能和体制，纵向上健全组织体系，引导社区自治良性运行。要关注我们的党组织规范化、标准化建设怎么样，社区党建和服务的空间、资源保障如何，党组织、党员是否发挥了模范带头作用。在引导居民自治过程中，社区承担了

---

① 王晓芸：《构建基层管理新格局 创新社区治理新机制——上海梅陇三村以“绿主妇 我当家”新理念创新社区治理》，中国共产党新闻网，2016 年 8 月 1 日。

整合资源、搭建平台、创造机会的重要任务，而社区治理之所以能有序、有效进行，关键在于“让居民自己干”，这与党中央强调的“人人有责、人人尽责、人人享有的社会治理共同体”理念是一致的。

在日照市莒县城阳街道岳家村社区党委书记许传江看来：让居民的生活更丰富多彩，让居民活得更有尊严，是衡量一个社区健康、和谐发展的重要指标。居民当家做主，让他们真正感觉到自己是村里的主人，更能激发他们的集体感和责任感。这对居民来说，有非常重要的意义。

岳家村社区每个月都要召开一次村民代表大会，让居民说出自己遇到的问题，给村里的发展计划提建议，遇到一些大的事情一定要征求居民意见，让他们把自己的想法说出来，不仅事情能办得更好，居民与社区的关系也会更加协调。岳家村社区每年都会征集居民的意见，为社区办 10 件急需解决的事情。2012 年岳家村办的 10 件实事，包括成立供暖工作队，保障居民供暖；也有配合落实莒县东部城区规划建设，力争上半年内完成蓝湾购物中心一楼二楼装修工程并交付使用等。“需要解决什么事，我们会让居民投票决议”。①

群策群力之下，原来社区里的难题一个个得到了解决。居民看到实实在在的变化，参与社区治理的心气也更足了。正是这样的“共同参与”，成就了“共享成果”，从而形成居民自治的良性循环。

形成聚合力 激活“红动”力量

党建引领下的社区治理，不仅限于社区力量的“单打独斗”，更需要社会层面的多方联动。打造共建共治共享的社会治理格局，需要不断加强社区治理体系建设。

南昌市从西湖区开始，陆续推行“幸福圆桌会”。通过“幸福圆桌会”提高政府办事效率、激发群众参与公共事务热情，将社区治理模式从过去的

---

① 齐鲁晚报：《社区里的事，让居民自己做主》，人民网，2013 年 1 月 11 日。

“单打独斗”转变为如今的“组合发力”，通过上级领导召集利益相关方，有效推动各职能部门工作重心下移，从而也能更精准地对接群众诉求。

2021 年 11 月 6 号，西湖区桃源街道远东国际花园社区的“幸福圆桌会”上，时任西湖区委书记黄小燕一开场就向居民鞠躬致歉：10 月 10 日，远东国际花园小区未履行公示等流程，就对一处绿化带铲除，计划改建邻里中心，此事引发居民强烈不满。黄小燕真诚致歉并承诺整改。小区居民熊寒峰看了这一幕后感慨：现如今领导对自己的工作疏漏、失误坦诚面对，该给群众鞠躬道歉的绝不遮遮掩掩。①

同样，为琢磨“加装电梯”的事，朝阳洲街道南烟小区 81 岁的刘中书也被感动了一下：他至今记得在社区第一场“幸福圆桌会”上，从区长到政府部门的各位领导，一下子十多人齐刷刷到会，零距离和居民们围坐在一起，老刘说：“这两年光是区领导就见了 14 回了。”

“幸福圆桌会”幸福的是居民群众，行动的是各级领导干部，倒逼的是干部作风改进，推动的是基层治理进程。

鄂尔多斯市康巴什区嘉和社区则通过建立“嘉领袖”协商议事委员会，搭建社区居民协商议事平台，规范协商议事制度，畅通居民议事流程，将基层党组织的“末梢神经”延伸至居民楼栋，为社区发展和基层治理注入强大的“红色动力”，实现小区事从“管大家”转向“大家管”。②

“嘉领袖”协商议事委员会由社区党支部牵头，联合市保障性住房建设服务中心、物业公司、志愿者、党员代表、居民代表、企业代表等参与。通过社区召开居民协商议事会，大家敞开心扉，让群众呼声及时有回应，让居民“拍板”，确保最终方案让群众满意，既解决了居民的烦心事、揪心事，又做到了民事民议，民事民决。

---

① 胡锦武、范帆：《“幸福圆桌会”：让群众站“C 位”》，《新华每日电讯》，2022 年 2 月 22 日。

② 张小英：《康巴什区嘉和社区：协商议事委员会 架起群众沟通“连心桥”》，《鄂尔多斯日报》，2022 年 3 月 11 日。

提升吸引力　让有意义的事有意思

社区党建工作需要住区单位党组织党员和群众的支持和参与，如果没有他们的参与社区党组织就无法开展工作。要引导他们积极参与，就必须找到他们关注的共同兴奋点。

文化权益是群众最基本的权益之一，保障群众的文化权益，是落实科学发展观的基本要求。因此，提供文化活动平台常常是满足群众的文化需求、维护群众共同价值的突破口，用喜闻乐见的形式及时创新社区党建工作的方法。

此外，突出所在社区的特殊性也是创新社区党建工作的永恒主题。只有抓住所在社区的特殊性、创新个性化的社区党建工作方式，党建工作的生命力才会生生不息。

将有意义的事做得有意思，才能更好地调动群众参与的积极性。基层党建就是要把"实现中华民族伟大复兴"这样的宏大叙事化成"社区小叙事"，构建社区故事、社区项目、社区活动的意义。"全过程人民民主"不应仅是中央层面的宏大叙事，还应该落实于基层。"市民开放日"就是一个好的活动，开一个有意思的"开放空间会议"，居民走过路过，就可以参与。

党建活动并不是一成不变，也可以多姿多彩：创新党建载体，用活动作为载体，丰富开展党建的方法；实现党建项目化，持续、长期性党建品牌化，比如"五老报告团"、党员先锋岗、老书记工作室等，可以解决很多问题，解决急难愁事。

四川锦江区总结推广"五全工作法"：1. 组织全覆盖，党群同心；2. 民情全掌握，干群连心；3. 服务全方位，群众舒心；4. 活动全参与，干部真心；5. 评议全公开，群众顺心。这些有设计、有创新的工作方式，对正确发挥党组织引领都起到了积极作用。

此外还可以设计具有社区文化特点的标识系统，比如社区之花，社区之赋、社区之歌、社区之旗、社区之徽等，增强社区凝聚力和群体认同意识。

总之，创新党建工作方法，丰富党建活动形式，拉近党建与群众之间的距离，只有让群众感受到“红动”的亲切、有趣，才能更加愿意参与、乐享其中。

红色“小网格”撬动社区“大治理”

红色网格

一池春水被激活，
打开手机看网格。
党员扫码担责任，
群众云间有话说。

红色云霞动能多，
智脑数据胜百科。
网在心头情更重，
格在眼里事不拖。

前有车来后有辙，
溪水长流汇江河。
小小网格大服务，
社区岁月美如歌。

良好的“红动”运行机制离不开畅通的沟通渠道，不管是政策传达，还是需求倾听，抑或是矛盾萌芽的发现与处置，都影响着党建引领社区治理的成效。基层是社会治理的最末端、服务群众的最前沿，如何做到收集问题更全面，解决问题更及时？

近年来，福州市鼓楼区积极健全组织、充分整合资源、不断提升科技赋能，推动社区治理重心持续下移、服务触角不断下延。细针密缝，织出为民服务的“红色网格”，以“小网格”托起“大服务”、撬动“大治理”，有效提升了社会治理效能。

全域化覆盖，健全网格组织体系。为了做到“人在网中走，事在格中办”，目前鼓楼区共配置专职网格采集员231人、处置员392人，涵盖20多个领域，包括党建、政务、养老、综治、城管等。19个区直部门职能纳入网格工作范畴，梳理确认213项事项采集清单。在这细密网格的背后，起到支撑作用的是科学建立的“街道党工委—社区大党委—网格党支部—楼栋党小组”四级网格组织架构，是网格党支部书记和网格长“一肩挑”、实行党员和网格员“双培养”的网格组织体系。

多元化参与，发挥网格红色力量。为了促进党员亮身份、有舞台、起作用，发挥机关在职党员作用，利用“小区云支部”平台，实现8000多名在职党员“扫码”到小区党组织报到；为了开展疫情防控、文明巡逻、文体活动、矛盾调处、认领“微心愿”等活动，他们整合党建联盟单位资源，让504家党建联盟单位与小区党组织结对共建，组成129支志愿团队；他们还发动网格热心群众力量，依托“居民恳谈日”、“参与式预算”微实事协商等居民自治载体，把共建单位、物业公司、业委会和相关区直部门等都动员起来，为解决小区道路硬化、充电桩加装等微实事项目献计出力。可以说每一个网格里，都有网格员走街串巷、踩热每一寸土地；每一个网格里都有党建联盟、热心群众等多元红色力量，激活基层治理的“一池春水”。

信息化支撑，提升网格治理效能。以党建引领基层治理的效能怎么样，关键得看实际问题有没有解决。为此，鼓楼区创建“一线处置”网格化社会治理工作机制，赋予街道由下至上的“呼叫权”“考评权”“监督权”。互联网时代，社区治理的信息化支撑变得既很必要，也有突出的可操作性：“鼓楼社区幸福通”微信公众号的开通，“鼓楼智脑”的上线运行，使社区治理“中枢”更加敏锐，分散在不同部门的6500万条数据得以整合，重点企业库、教育资源库、重点人员库等15类主题库得以建成，归并开发了党建群团、经济管理、服务企业等30多个应用子系统，创建社会治理全要素数据库。通过“鼓楼社区幸福通”实现了“人人都是网格员”。党员可以在“小区党员云空间”模块内建言献策，群众也可以通过“随手拍”“有话要说”等模块上传网格内的问题。①

激发红色动能　享受三个“红力”

近年来，社区党建在组织建设层面得到了重视，党的组织在社区层面实现全覆盖，全国各地都涌现了不少以党建引领社区治理的好的经验和做法，从改革的系统性、嵌入性和长效性来看，我们依然需要思考，构建党建引领社区共治新格局，究竟如何引领？

大道理不用讲，群众的眼睛是雪亮的，党员们平时看得出来，关键时刻站得出来，危急关头豁得出来，自然就引领了群众，群众对你认可了，把你当成主心骨愿意跟着你走，那社区工作就会很好开展。

首先，坚持党建引领，化零为整、明确权责，强化引领合力。坚持党建引领社区治理。一是要坚持党建的政治引领、思想引领和组织引领，进而确保社区治理正确方向，充分发挥党建总揽全局、全面协调多方力量的作用；二是要坚持党建引领与社区治理工作的有机融合，树立“党务不脱离业务”的理念，避免为了党建而做党建，造成党建与社区治理实际脱节；三是要承担起整合跨部门、社会力量以及市场资源的职能，为化解社区治理顽疾，形成治理合力，推动多层次、一体化公共服务和社会管理体系建设提供总体的领导支持和组织保障。②

其次，坚持党建引领，功能导向、赋权增能，增强引领效力。避免“谈

---

① 莫思予、彭辉：《小网格载大服务 小终端展大神通》，《福州日报》，2022年5月16日。

② 郎晓波：《构建党建引领社区共治的基层社会治理新格局》，《中国社会报》，2020年6月29日。

起来实、做起来虚”，要把党建与社区治理中许多关键环节实质融合，找到具体工作的抓手，着力在物业矛盾、拆迁改造、有机更新等基层痛点难点问题上发挥作用。此外，探索如何更好地吸纳多方参与，并形成参与式认同的新机制，解决“共治‘治什么’”这个根本问题。

最后，坚持党建引领，明确任务，转变思路，提升引领能力。明确社区党的建设的基本任务：发挥管理功能，把社区党组织建设成为党在社区的坚强领导核心；发挥服务功能，把事关居民群众切身利益的工作做细做实做好；发挥凝聚功能，把广大居民群众紧紧团结在党组织周围，发挥社区居民自治组织协调利益化解矛盾排忧解难的作用，建立健全社区事务决策听证监督评议等制度，推进党务公开社务公开；发挥维稳功能，筑牢城市基层和谐稳定的第一道防线。

如果给“红动”理论做一个形象的比喻，莫过于“上面千条线，下面一根针”。用好党建引领这根红色“绣花针”，握住“为人民服务”这条主线，找准群众需求的“落针点”，才能绣出社区治理“新画卷”。

【从《意见》到实践】

习近平总书记强调，社区治理得好不好，关键在基层党组织、在广大党员。推进新时代基层治理现代化建设，最根本的一条是加强党对基层治理的全面领导，发挥基层党组织战斗堡垒和党员先锋模范作用。

《意见》当中明确党对基层治理的领导是新时代基层治理现代化建设的统领，将坚持党对基层治理的全面领导写入指导思想、工作原则和主要目标，强调必须“以加强基层党组织建设、增强基层党组织政治功能和组织力为关键”。

《意见》将完善党全面领导基层治理制度摆在首要位置，要求加强党的基层组织建设，健全基层治理党的领导体制；构建党委领导、党政统筹、简约高效的乡镇（街道）管理体制；完善党建引领的社会参与制度，强调“涉及基层治理重要事项、重大问题都要由党组织研究讨论后按程序决定”“注重把党组织推荐的优秀人选通过一定程序明确为各类组织负责人，确保依法把党的领导和党的建设有关要求写入各类组织章程”。

《意见》把加强党的领导贯穿基层治理的全过程和各方面，结合基层政权建设和基层自治、法治、德治机制建设各自任务，分别明确加强党的全面领导的实现形式，强调“加强乡镇（街道）党（工）委对基层政权建设的领导”“坚持党组织领导基层群众性自治组织的制度”，强化党组织领导把关作用。①

“一活五动”中，“红动”就是党建引领基层治理。红动社区，推进基层社会治理体系和治理能力现代化的“红色引擎”！

互动：有交互 才灵动——社区治理中的“互动”之道

不知你所在的社区有没有遇到过这样的情况？社区一心为民“办好事”，可居民总是不领情；工作人员组织活动劳心费力，参与者总是寥寥；社区、物业、居民之间矛盾不断，各说各话难以调和；邻里相见不相识，社区冷冰冰没有温度……

这些看似难以解决的问题，其实症结都在于社区工作过程中，忽视了一个关键的环节——互动。

不懂得互动的社区，往往在管理方式上是单向操作，行政色彩浓。即使是为民服务，也没有真正了解居民所需所想，或是没有把服务工作做好公示，

---

① 李昌禹：《推进新时代基层治理现代化建设的纲领性文件》，《人民日报》，2021 年 7 月 13 日。

效果经常不尽如人意。造成这种情况的原因多样，或许是被行政事务所累，或许是被“自上而下”的惯有思维禁锢，但不管怎样，社区不说话、不调研、不沟通，终究很难把实事做到居民的心坎上，还会在服务管理上走许多弯路，甚至让居民与社区之间的距离越来越远，使社区缺少温情和活力。

其实，互动，没有那么复杂，它在生活中无所不在。

从心理学上来讲，人们对于自己亲身参与的事情更有倾向性，也更加维护和支持。例如，孩子最喜欢的人一定是肯花时间和他们玩的人。例如，好的销售人员一定会搞互动，试吃、试用，甚至让顾客帮个小忙，这些都会增加销售成功的概率。

在社区治理中，互动更是随处可见。

社区工作者的上门走访，宣传栏里的工作简报，邀请多方参与的社区会议及活动，还有互联网时代应运而生的公众号、微信群，社区公共空间里的兴趣活动、驻足闲聊，都是一个社区家园中的互动形态。

如何深入了解社区中的互动，又如何利用互动去做好社区治理，是本篇尝试去解决的问题。

互动生共识　融合才融洽

互动到底是什么？通俗意义上来讲，互动就是有来有往。中国有句古话：“来而不往非礼也。”讲的就是这个道理。有来有往关系就会变得亲密，你中有我我中有你，不分彼此就会减少矛盾，有了小问题也不会太计较，这就是互动的好处。

在本书“一活五动”体系中，互动是指社区工作者就重要信息发布、社区问题解决、社区营造规划等充分与相对方进行沟通、交流、合作、协商，力求与居民群众达成共识的治理行为。

良性互动是红动、联动、智动、活动的基础，互动形成共识。红动是互动的思想引领，在形成共识的关口，红动可以攻坚克难。联动是促进形成良性互动的方法之一，双向互动无法形成共识时联动多方有可能破解。活动本身也可以理解为一种更生动有效的互动，是形成深度共识的策略。

在社区治理的创新实践中，不论是调研群众、问需于民、服务于民的哪一个环节，都特别强调充分有效互动的重要性。

互动是增加社区工作者与居民之间、居民与居民之间黏性的有效手段。区别于传统管理中自上而下、相对方只能被动服从而没有自主性的工作方式，互动通过相互调适目标、共同解决冲突、增进彼此利益，最终产生响应、形成共识，是使公共利益最大化的社区治理过程。

互动是推进社区公共事务顺利进行、解决社区公共问题的重要保障。针对社区问题开展调查研究，听取居民意见建议，据此修正计划、规划、决定，才能使参与过程更加清晰，有多方主体间的多维互动、连续响应和相对共识，才能更好转化为对目标行动的落实。

互动是激发居民自治意识、形成共商共建共享治理格局的必要基础。通过有效互动，增强居民的参与感、归属感和成就感，让社区治理不再是基层政府和社区的“独角戏”，而是变成群策群力的“大合唱”，群众问题群众解决，共商妙计，共享成果。

从对象来说，互动包括社区和居民的互动，居民之间的互动。从流程来说，互动包括问需、问计、问成效。在具体实践中，互动有迹可循，也有道可依。

熟络才和谐　好的社区会说话

互动生熟络，熟络生和谐。优质社区关系以互动为基础，而好的互动离不开有效表达和积极回应。我们每个人大概都希望自己生活在这样一个社区：人人皆熟络，遇事众人帮，平日常沟通，有事好商量。而这样的社区，往往都擅长互动，也就是“会说话”。

一个会说话的社区，究竟什么样？我们可以借助“5W+1H”公式来理解。

生动标语

好的社区会说话，
不会说话很可怕。
良言一句三冬暖，
标语切莫随便挂。

套话空话和假话，
读出声来很尴尬。
心灵搭起一座桥，
感情沟通要融洽。

最难得的是实话，
不缩小也不夸大。
过目不忘一首诗，
令人心动一幅画。

● **What——说什么？**

社区虽小，要说的事可不少。党的声音有传递，政策法规有解读，大事要事有预告，基层工作有展现，邻里温情有扩散，榜样达人有点赞，家园文化有梳理，便民服务有途径，公共事务大家议，有人求助有人帮。

换个说法，其实也就是通过“社区说话”，来搭建政民、邻里沟通互动的桥梁，将街道、社区的工作进展告知群众，也将群众的需求和反馈传递给政府。让社区多方主体之间保持信息畅通。

● **Where——在哪里说？**

社区说话的地方，既是宣传阵地，也是互动场所。从传统的社区宣传栏、楼门告示栏、电子屏，到如今的全媒体平台（例如社区报、公众号、微博、抖音、社群等），再到通报会、开放日、座谈会、议事会等活动场所，都可以成为社区说话的平台。

而随着互联网的发展，如今甚至社区里的建筑空间、一树一花，都有可能借助一个二维码变成听社区“说话”的入口。

● **Who——谁来说？对谁说？**

不管是说话的人，还是说话的对象，都不是单一某方，而是包含了社区“两委”、党员、居民、物业、驻地企业单位等多方主体。在社区里，认真说和用心听都值得称赞。有参与，才有互动。

只由一方来说，会成“一言堂”，仅说给一方听，又有失公允。说的人越多，信息获取越全面；听的人越多，信息传达越有效。全面而有效地获取信息，才是良好互动的第一步。

● **When——何时说？**

不同类别的信息，说的时间有所不同。重要讯息及时说，长期工程阶段说，日常工作定期说，文化故事经常说，问题困惑随时说，破题调处聚齐说。

归根结底，社区多方主体之间应保持信息对等畅通，用及时有效的沟通避免误会，用润物无声的互动滋养共生。

● **Why——为什么要说？**

理解始于熟悉，熟悉始于了解。有效表达是增进了解、获取信任、达成共识的前提。

通过让社区“说话”，打破信息壁垒，让多方主体间产生互动，信息公开，工作公示，了解民需，听取民意，接受监督和信息反馈，实现政府与民众双向互动，共同营造一种相互沟通、共建共享的氛围。

● **How——如何说？**

从“说”的内容上，说得坦荡，让信息不闭塞；说得准确，让信息不误传；说得周详，让信息不偏激。

从“说”的方式上，说得真诚，让大家愿意听；说得通俗，让大家听得懂；说得有趣，让大家喜欢听。

社区新语态 从一封《致歉信》说开来

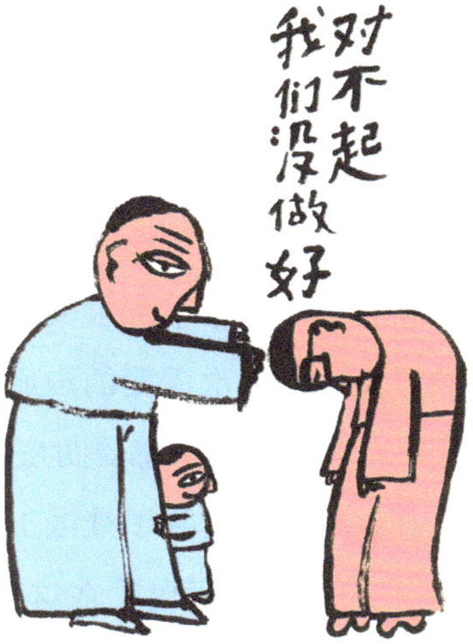

真情互动

到底是好还是赖，
群众看得很实在。
互动起来要虔诚，
敢将真心群里晒。

弯下腰来低姿态，
有时还要能忍耐。
唠嗑口气特别亲，
道歉速度必须快。

萝卜地瓜炖白菜，
有色眼镜不能戴。
群众路线走千家，
归根结底都是爱。

社区对居民的互动表达，怎样才更有效？尤其是像此次新冠肺炎疫情这类重大公共卫生事件突发时，社区要以何种语态与居民沟通，才能安抚情绪、获取理解？

2021 年夏天，南京栖霞区西岗街道齐民路社区写给居民的一封信在网上引发众人留言、点赞。

这封信没有写成传统意义的通知，没有居高临下的命令，也没有冷冰冰的指示，反而用了另一种方式：信的主题，是“致歉”。

《致歉信》开头就表明来意：“连日来的疫情防控，为大家的生活都带来了不便。在此，齐民路社区想跟全体居民说一声，对不起！”

信中悉数了 6 个对不起和理由，完全站在居民角度，理解疫情防控给大家带来的不便和困惑，又一条一条给出解释，把疫情防控的必要性和社区工作的辛苦娓娓道来。

最后话锋一转："千万句对不起的背后，是责任更是担当……对不起在此刻更是一种'爱的力量'，因为爱所以坚守，因为爱所以舍弃，因为爱所以请原谅，因为爱我们一定会胜利！"

《致歉信》一出，很快得到许多居民的关注和转发，阅读量和留言量创下社区官微的历史新高，还有很多居民和网友在评论区留言，表达理解、支持和感动。

这封不一样的信，正是来自社区想与居民用心沟通的初心。从繁忙的疫情防控工作中腾出空来，齐民路社区党总支书记朱宇要求大家认真总结，查找任务开展过程中的不足与难题，和居民进行一次深度的沟通，用坦诚相待让居民了解社区工作的真实状况，用深表歉意让大众感受防疫者的困境。

这封信的效果可想而知。居民通过这封信，看到了社区工作者的真诚相待和真情流露，也理解了他们的辛酸和苦心，更明白了在这场防疫大考中，社区和居民不是对立面，社区只是服务者，居民也是受益者。这场良性互动，干得漂亮！

真诚之外，及时也很重要。同样是疫情防控期间，另一个社区的每日公告也成为社区与居民加强互动、增进沟通和理解的渠道。

2022 年春天，上海宝山区大场镇一大型社区居委会的公告在网上被热传。公告的内容多样，有通知，有叮嘱，也有唠叨。每日更新，线上发布，线下楼组长告知，从未间断，公告的内容事无巨细，核酸检测的安排和流程，快递用品的购买和收取事项，就连社区老年居民的配药需求也有所安排。不仅如此，在封控节点，公告还会感谢居民的支持和理解，为大家鼓劲。

许多居民由此养成了一个新习惯：早晨起床后，先看一看当日的社区公告，以此来了解最新的防疫安排、防疫要点和服务内容。大家说："每天看看社区公告，心里踏实。"

新时代新形势，对政民互动提出了新的要求，很多新语态、新表达、新形式应运而生，例如“市民对话一把手”“社区开放日”“月末通报会”等。而核心依旧是，开通互动平台，创新互动方式，丰富互动形式，提升互动效能。

紧密的社群　让互动更高效

说到互动，不得不提到社群。社群的价值在于，它具有明确而强烈的归属感，让社群成员可以更加有效地互动，更加便捷、准确地发出需求和反馈，而这一切，相对于传统的交互方式而言，成本更低。因此，社群也成为社区做好互动引导的得力工具。

社群的建立与运营，其实也是帮助居民找到与自己相关的圈子，邻里圈也好，兴趣圈也罢，关键在于聚拢有共同点的人，并制造共同话题，大家能迅速开展各种交流，在交流中达成共识，形成共同愿景，从而满足社群成员的归属感和成就感。

社群一旦固化下来，“群友”们在互动中发挥的巨大能量，常常令人意想不到。2022 年 4 月 2 日，疫情中的上海，就有这样一个社群，虽然大家互相见不到面，但是通过在微信群里的高效互动，众人接力帮助一位患闭锁综合征的居民，完成了他“过生日吃蛋糕”的愿望。

今年五十岁的张玮（化名）因患病全身瘫痪，但意识清醒，全靠眼睛与外界交流。生日蛋糕是妻子早就许诺给他的，但疫情之下，上海实施全域静态管理，蛋糕店关闭，快递运力紧张，妻子既不会做蛋糕家里也没有材料，生日蛋糕很可能吃不上了。

可那天，张玮一直盯着闹钟看，晚上十点多，因为没看到蛋糕，竟像个孩子一样哭个不停。实在没办法，妻子抱着试试看的心态在小区微信群里求助，说明了丈夫的情况，问谁家有吃剩的蛋糕可以匀点。

在了解事情原委后，群里热闹起来，虽然没有现成的蛋糕，但热爱烘焙的邻居杨杨主动提出可以做一个，只是家里没有淡奶油了。

你家没有我家有！家里有奶油存货的邻居慷慨解囊。不仅如此，邻居们还在群里纷纷接力，表示愿意贡献鸡蛋、草莓、糖霜、牛奶等。材料有了，可特殊时期出不了门，群里的志愿者也发声了："我可以穿志愿者马甲负责取！"参与的邻居越来越多，没有食材的也开始行动："我家有小蜡烛""我写了生日快乐卡片""我准备了小礼物"……

这还没完，到了12点，生日祝福又在群里刷了屏，就连平日里的潜水党都出来冒泡送祝福，还有人做了表情包，有人送上诗作……300多人，在线送上祝福，围观寿星拆礼物，一起熬夜等蛋糕。终于，在"一声求助"发出两个多小时后，一个举全群之力做好的蛋糕送到了张玮家中。

妻子将邻居们的祝福一条一条读给张玮听，又在群里一遍又一遍地说着感谢，给大家在线直播幸福的"生日宴"……一场云端生日盛会温馨又动人。

经过这个夜晚，群里的街坊邻居们更加熟络起来，有人会提及自己家里还有淡奶油想吃可以提供，有人写了首诗纪念那个夜晚，群友们封杨杨为"甜心女神"。

现在再来反观整个事件，有几个要素造就了温暖的结局：就近居住的邻里社群，便捷高效的互动平台，真实坦诚的求助，自告奋勇的担当，众人拾柴的热心，知恩感恩的回响。而贯穿始终的，正是社群成员间的高效互动。

一个小区群，将居住在附近的街坊邻里聚集在一起；一个求助，让大家有了共同的目标；有物出物，有力出力，每个人的付出都基于热心，又力所能及；而可见的圆满结局，则让大家都收获了满足感和幸福感，从此心和心贴得更紧。

我们有理由相信，在未来，如果这些居民之间产生了什么小矛盾，一回忆起那个做蛋糕的夜晚，想起那天曾齐心协力帮助一位邻居圆了个香甜的梦，大家总能笑一笑，聊一聊，然后握手言和。或许，这就是熟人社区的魅力。

了解真需求 “走下去”和“请上来”

在社区治理的整个流程中，“互动”首先是“问需”，是确认工作方向是否符合居民需求的重要环节。问需于民，是一座桥梁，连着真知与行动，连着信息与决策，连着党心与民心，也是“我为群众办实事”的基础。

而问需，不能只坐在办公室里等着居民电话上门，而是要主动走到群众中去，才能听到真心声，了解真需求。

“拉家常”议事会工作机制，这是北京大兴区一项倾听民意、汇集民智的制度。不仅名字特别接地气，运行机制也很有温度：鼓励社区工作者和社区居民骨干多多入户走访、多多串门聊天，在走访串门聊天中广泛征求居民意见建议，把社区议事厅“建”在楼门口、“搬”到居民家，也通过和居民的零距离协商，来激发居民参与意识，深挖居民自我管理潜能，推动社区治理迈向精细化、系统化。

在清源街道康馨园社区，自打“拉家常”议事会工作机制落地以后，社区党总支书记薛晶上班的第一件事就是去社区里走一圈，这一圈下来，与居民们拉拉家常，顺便听听大家的建议，拢一拢居民的实际需求，听一听居民们最真实的心声，薛晶觉得“拉家常”议事会工作机制没有因为走街串巷而浪费时间，反而是提高了社区议事效率。

居民刘大爷家单元门前的杨树枝叶特别密，影响了房间的采光。有一次，薛晶走在社区里，大爷刚一说完自己的想法，薛晶边聊天边召集社区工作者和物业人员到楼前查看情况。几方见了面，大家现场一商议，决定由物业公司对树枝进行修剪，把阳光还给居民。一次简单快捷的议事协商聊着天的工夫就完成了。①

可见，“拉家常”强调的，就是做好互动：问需主动一点，倾听耐心一点，沟通有效一点，办理及时一点，形成了便捷高效的“发现问题—了解问

---

① 安娜：《“拉家常”议事会 议出社区治理新模式》,《中国社会报》，2020 年 11 月 12 日。

题—分析问题—解决问题”闭环。

“拉家常”的关键，在于让互动化繁为简，除了“向群众迈出一大步”，“让群众随时能参与”也很重要。

为了方便居民参与沟通和议事，“拉家常”还依托微信群建立了空中议事网络。在康馨园社区，有居民群、在职党员群、青少年群、社区自治组织群等 41 个微信群组。在这里，居民不受时间和场所限制，登上虚拟平台积极发言互动。

也正是在这里，居民们针对自己关切的社区停车问题，一周之内贡献了 300 多条意见建议，最终达成共识圆满解决；疫情期间，社区在职党员、热心居民等围绕“如何做好防控”建言献策，迅速形成公约，使康馨园成为全区首个进入封闭管理的社区；垃圾分类工作推进后，很多居民不懂得如何精准识别垃圾，热心志愿者就自发在议事群和朋友圈中普及垃圾分类知识……

这些话题，居民从“需”到“议”再到“解”，都是全程参与，真正实现了“群众事，群众提，群众议，群众办”。这与社区工作者换位思考、主动出击、善用工具、做好引导密不可分，用有效的互动方法，提升了居民的参与度和社区的凝聚力。

从交锋到共情 “众人说”取代“一言堂”

社区里的公务事，到底谁说了算？问需问出了不同意见，怎么办？江西南昌的“幸福圆桌会”选择将话筒交给群众，把焦点摆在桌面。

南昌市西湖区朝阳洲街道红光楼小区是名副其实的老旧小区，配套设施陈旧，路面和下水管网老化，居民不堪其扰。好不容易盼来了综合改造计划，工程却一度陷入僵局。

原来，在问需时发现，不同的居民有着不一样的诉求：家里有汽车的希望停车位越多越好，有非机动车的则希望解决非机动车停车和充电问题，老年人还盼望有晾晒和聊天的场所……实在是众口难调。

为此，红光楼小区召开了多场“幸福圆桌会”，召集社区干部、居民代表和相关利益方坐在一起，充分发言，深度讨论，一次不行就两次，从开始不同意见的交锋，到后来的换位思考互相体谅，最终意见达成一致，这样不仅议出了方案，也议出了感情。

没有自作主张，脱离群众的真正需求，也没有因噎废食，为避免冲突而敷衍了事。从提出需求到共同解决，“幸福圆桌会”成了密切干群关系、增强良性互动的有效载体。

互动有方法，议事有套路。好的议事会，不是众说纷纭，各说各话，而是要引导居民学会科学议事，引发良性互动。

为了提高民主协商的针对性、有效性、规范性，山东威海的嘉和社区通过“嘉领袖”协商议事委员会，制定了“三事五步七定”协商议事制度。

“三事”即按照“大事大议、小事小议、急事立议”原则，灵活确定协商形式，引导基层群众培养遇事协商的习惯，用群众自己喜欢的方式进行协商。“五步”即按照明确主体、确定议题、开展协商、落实协商结果、评价落实结果五个步骤，有序推进协商民主。“七定”即无论采取哪种形式协商，都按组织签到、说明议题、介绍主体、宣读规则、组织讨论、形成结果、结果公示七个环节开展。①

值得注意的是，在该制度中，特别强调了“评价落实”，通过倾听反馈这一互动环节，让社区治理有始有终，形成良性闭环。同时，居民这一轮的反馈和评价，也可以作为下一轮互动议事的话题。

不管是何种形式的协商议事平台，都是为了与居民“零距离”展开互动，从而收集社情民意，汇聚居民智慧，实现居民自治，让“我的社区我做主”掷地有声。而组织各方利益主体平等有序协商，促进达成一致意见，共

① 赵峰、刘磬：《“院坝”听民声 协商话发展——咸丰县政协推行“一二三四”工作法深化“协商在一线”》，《湖北政协》，2021 年第 5 期。

同推动工作落实，也是从“管大家”向“大家管”的治理方式转变。

高手在民间　居民总有好办法

问需问计，都离不开群众参与。事实证明，高手就在民间。常年生活在社区中的居民，才是最了解本地资源的人，也是最能设身处地思考的人，如果将他们的积极性充分调动起来，很多“老大难”问题都会迎刃而解。

在重庆南津街街道有个弘运小区，属于老旧小区，原物业公司合同到期撤离，小区日常维护停摆。整个小区垃圾遍地，基础设施损毁殆尽，居民怨声载道。最尴尬的是，因为物业瘫痪多年，新物业进入需要投入20余万元才能完成基础设施建设，这笔钱根本没有来源，这也是该小区多年无法引入物业公司的重要原因。

按照惯常眼光来看，这事已经陷入了“没钱—没物业—脏乱差—居民不缴物业费”的“死循环”。

转机来自社区里的在职党员们。因为设身处地，在职党员和街坊邻里沟通尤为高效，先是带动小区居民迅速完成业委会换届选举，又召开在职党员联席会议收集意见及建议，引入了诚顺物业。

面对难题症结“资金”，在职党员联席会又发挥了强大的作用，参会人员经过讨论，考虑多方利益，提出一个极富商业智慧的运作计划：新物业公司先垫资20余万元完成地面实施改造硬化、视频监控设备等，垫资费用由小区内停车费产生的公共收益金业主所得部分分4年偿还。可喜的是，这个计划也获得了物业方的认可。①

很快，昔日远近闻名的“老、破、乱”小区，因全面的修整翻新，如今俨然有了花园洋房小区的格调。

---

① 陈波、杨铌紫：《在职党员参与社区治理的南津街样本》，《重庆日报》，2021年3月22日。

妙用新工具　召回“消失的青年”

如果问社区工作者：“社区组织活动的痛点是什么？”十有八九都会说：“参与者总是熟面孔，老人多，青年少。”

的确，在社区出镜率较高的往往是“一老一小”，鲜少见到青年人的身影。究其原因，工作时间与社区活动时间相冲突、社区活动焦点与之无关，再加上其他主观因素，总之，青年人出不来，社区服务进不去。

对社区治理来说，群众在哪里，互动触角就应该要延伸到哪里。青年是社会发展的中坚力量，更加了解同龄人的需求，如果可以更好地联系青年居民，势必能为社区治理注入鲜活力量，为解决社区问题提供新的思路。

有没有一种方法，可以打破时间空间的限制，让职场中青年也能方便地了解社区大事小情，并愿意参与其中，从中收获乐趣和满足？

北京双井街道告诉您——“有！请来‘13社区’看一看！”

有趣的是，在双井街道的行政规划图上明明只有12个社区，“13社区”又在哪里？原来，“13社区”是一个基于互联网构建的社会治理网络平台。这个虚拟社区早已成为打通双井多方沟通互动的好帮手，在修复推动邻里互助和细化城市治理中，发挥了不可替代的作用。

多年来，“13社区”遵从“党建引领、互益共生”的原则不断升级迭代，强调“把有意义的事，做得有意思”，具体分三步走：一是把基层政府所涉及的民生工作，转化为社会多方主体可参与、愿参与的公共事务，实现为民赋权，共商共治，共建共享；二是打造地区融媒体，利用新媒体可留痕、可互动的特色，传播身边美好，树立生活榜样，鼓励分享习惯，营造充满社会温度的正能量气场；三是关注投入公共事务、公益活动的社会主体，引导社会回馈其应得的社会尊重和个体成就，即通过参与感，强化获得感与成就感。

在这里，参与社区事务摆脱了时空的束缚，削减了行政的生硬，降低了参与的门槛，有意义又有趣。于是，社区里“消失的青年”回来了——

随着“13 社区随手拍”功能上线，他们成了移动“网格员”，通过拍照反映问题上传后，由科室及时响应，进行分单办理、分责办理和按期限办理，实现接诉即办，把很多基层矛盾化解在萌芽状态。

新中国成立 70 周年之际，他们帮 88 岁的老党员张翠屏出版了自己的回忆录。青少年学生在老师的带领下，利用碎片化的时间整理了老人的 30 多本日记，喜欢画漫画的年轻姑娘帮老人绘制了插图，辖区单位则包揽了回忆录的排版印制。

2020 年，新冠肺炎疫情暴发，他们更是快速响应，积极报名参与疫情防控志愿服务，卡口值守，轮岗排查，采买物品。后台数据显示，在短短两个月的时间里，通过“13 社区”报名的志愿者达 300 余人，参与志愿服务 1000 余人次，累计志愿服务时长 1000 余小时，其中年龄在 60 岁以下的志愿者占到了总人数的 92%，中青年群体成了防疫志愿力量中当之无愧的主力军。

可喜的是，现在和未来，这些中青年志愿者依然活跃在双井垃圾分类、议事协商、物业管理等社区治理活动中。

社区治理中的良好互动，不应出现人群盲点。青年人参与社区建设，也并非不可能。只是需要抓住青年人的特点和心理，从他们的兴趣专长、切身利益、情感满足和价值实现出发，也要通过高效的互动工具，为他们的参与提供便利，让社区里的事儿不再是一纸通知的严肃面孔，而是变得生动有趣，既能拆解成“游戏闯关”一样的小任务，又能真正实现青年人的个人价值。

到群众中去　用互动联系群众

互动的核心，是群众路线。互动的目标，是联系群众。从理念到方法，依然离不开“群众”二字。

陈云同志撰写的《开展群众工作是目前地方工作的中心》一文中提到，解决群众切身问题的办法，必须在群众中去讨论，到群众中去找寻。因为只有群众才真正了解他们自己的问题，只有在群众中才能讨论出在当时当地解决问题最适当的办法。

这是抗战时期中国共产党关于群众工作的重要历史文献。时至今日，它仍散发着理论的光辉。

从群众中来，到群众中去，与群众加强互动，是解决群众问题的前提。对基层社会治理来说，开展良性互动，在互动中实现共识，打造共同体，是社区软实力的体现。所以说，我们要在社区治理中高度重视互动，重视反馈与回应，具体而言，有以下四点。

用群众喜闻乐见的方式“说话”，以互动促工作。不管是发通知、做沟通，还是访民意、听民声，都要学会换位思考，改变“高高在上”的行政姿态，用真诚和真心去沟通表达，让居民听得舒心、宽心、放心。

推动政府治理同社会调节、居民自治的互动交融。问政于民，问需于民，问计于民，重视反馈与回应，在具体工作中增加、用好互动环节，让居民有兴趣参与，在参与中获得成就感和幸福感，激发多方主体参与社区治理的积极性。

完善基层自治和志愿制度，打开互动的平台与心态。没有互动理念的社区，无法与志愿者热情牵手，也无法让居民自治形成长效，要做好制度化管理、常态化开展、立体化模式的工作机制，打造并用好多元化、多维度的互动平台。

开展邻里互助服务活动，促进社会凝聚与邻里互助。针对为民便民的需求、社区治理以及美丽家园建设的任务，引导开展丰富多彩的邻里互助活动，营造“邻里相帮、邻里相守、邻里相携”的社区氛围。

总之，良好的互动，促进了社区主体之间的交互共融，让居民更加了解自己所在的社区，也带动各方积极参与社区建设，共建有情谊的熟人社区，共享有温度的邻里生活，从而形成坚实的家园共同体。

【从《意见》到实践】

优秀的社区工作者，自带“流量”；好社区，居民自治充满活力。习近平总书记强调，基层是一切工作的落脚点，社会治理的重心必须落实到城乡、社区。社区是基层基础，只有基础坚固，国家大厦才能稳固。为此，要始终坚持党的领导，把人民当家作主作为核心要求，不断完善制度机制，进一步推动基层群众自治发展完善。

在基层实践中，面对社区治理领域存在的复杂局面，各地社区也在积极创新思路，有效地激活居民“自治细胞”，推动问题解决，提升居民满意度。山东烟台芝罘区中台社区党委书记、居委会主任贺书清说：“其实很多事儿，居民自己管理自己比社区党委插手方便得多。比方说老旧小区乱堆乱放的清理，我们这些代表带头清理，把自己家的清理完了，再发动老百姓清理。从这些方面我们也摸索出经验了，要让更多的人参与，才能促进小区的治理。”

《意见》在“主要目标”中明确，力争用5年左右，建立起党组织统一领导、政府依法履责、各类组织积极协同、群众广泛参与，自治、法治、德治相结合的基层治理体系，党建引领基层治理机制全面完善，基层政权坚强有力，基层群众自治充满活力，基层公共服务精准高效，党的执政基础更加坚实，基层治理体系和治理能力现代化水平明显提高。

活力社区，我们期待社区工作者动起来，社区居民活起来！

联动：联动“九有”锦囊——社区治理“大合唱”的方法论

在重庆南津街街道，曾有这样一种说法：街道社区面临“三穷”局面，也就是人手穷、资源穷、服务管理模式穷。

一个“穷”字，道出基层工作者的最大焦虑。

我们以南津街街道为例，看看基层工作者是不是焦虑：地区常住人口22.6万人，街道实际在职在编人员122人，干部居民比为1∶1852。而在其所辖的江亭路社区，12个社区居干要服务管理3.2万居民，这意味着什么？意味着平均每位社区工作者要服务2666位居民！服务压力可见一斑……

九有锦囊

二四六八九个有，
社区联动风吹柳。
锦囊妙计在心头，
春暖花开大步走。

遥想当年都没有，
一场秧歌也难扭。
拆了东墙补西墙，
难斗几条流浪狗。

社区联动无到有，
方方面面显身手。
众人拾柴火焰高，
大家互敬一杯酒。

而在资源方面，以物业管理为例。南津街街道没有物业管理的47个封闭小区和650个单体楼院，均由社区代管，公共事务由街道兜底，也就是说，这些社区的清洁、绿化、管网维护、路面整治等，都由街道兜底保障。仅此一项，街道一年支出2000多万元，这对于一个街道办而言，是极为沉重的负担。[①]

① 陈波、杨铌紫：《在职党员参与社区治理的南津街样本》，《重庆日报》，2021年3月22日。

在现行组织架构、职责要求、人力物力和工作模式下，街道社区所提供的服务不能满足群众多样化要求，物业、业委会、业主三方矛盾在老旧小区更为突出。“管理式”治理向“服务式”“参与式”治理模式的转变，迫在眉睫。

南津街街道的数据及其展现的问题，并不是个例。在基层“无人管”“无钱管”“无法管”，是社区治理公认的三大难题。

显然，随着社会的发展，用以往的惯性思路，已经无法适应新时代的社区治理需要，新的社区治理模式呼之欲出。

穷则思变。不破不立。

怎么变？如何立？

习近平总书记在党的十九大报告中明确要求，打造共建共治共享的社会治理格局。而一个国家治理体系和治理能力的现代化水平很大程度上体现在基层。只有集众智、汇众力，才能有效提升基层治理能力，不断增强人民群众的获得感、幸福感和安全感。

打造“三共”社会治理格局，从总体上看，需要构建“五位一体”的制度框架。“五位”是指共建共治共享社会治理格局的主体，即党委、政府、企业、社会组织、公民；“一体”是指在打造共建共治共享社会治理格局中所形成的共同体。①

由此可见，所有的“变”与“立”，都围绕着“共建共治共享”，也就是我们所说的“联动”。

何谓联动？以“联”制“动”

给联动下一个定义：联动是指在社区治理中坚持以社区党组织为核心，

① 陈晓春、陈文婕：《习近平国家治理思想下“三共”社会治理格局：概念框架与运作机制》，《湖南大学学报（社会科学版）》，2018 年 5 月 28 日。

充分联合社区居委会、网格社工、物业、业委会、楼栋组长、党员群众、社会组织、社会企业等外援力量，整合各方资源助力共建共治共享、形成多方治理体系的治理行为。

我们也可以这样理解：联动是社区工作者做好社区工作的方法、工具、有力武器，是撬动社区周边资源的杠杆。社区资源是有限的，俗话说“一个好汉三个帮”“众人拾柴火焰高”“三个臭皮匠顶个诸葛亮”。一般来讲，社区周边的单位是有公益心的，把社区作为一个实现公益心的平台，调动周边资源，参与到社区共建中来，事半功倍。

在“一活五动”体系里，联动不是独立存在的，而是与其他方面有着密不可分的联系：红动是高举旗帜，联动是汇聚多元力量；互动是形成共识，联动是促进各方产生行动力参与共建共治；活动是营造氛围，促进联动各方形成黏性；智动可以帮助不在同一物理空间的联动各方线上实现共同参与。

具体来说，“联动”在社区治理中有着从战略到战术的重要价值。《关于加强基层治理体系和治理能力现代化建设的意见》第四、第五部分中多次提到对联动的具体要求，在“健全基层群众自治制度”中提到，加强群防群治、联防联治机制建设，完善应急预案。完善支持社区服务业发展政策，采取项目示范等方式，实施政府购买社区服务，鼓励社区服务机构与市场主体、社会力量合作。

而在“推进基层法治和德治建设”中更是明确提出，完善社会力量参与基层治理激励政策，创新社区与社会组织、社会工作者、社区志愿者、社会慈善资源的联动机制，支持建立乡镇（街道）购买社会工作服务机制和设立社区基金会等协作载体，吸纳社会力量参加基层应急救援。完善基层志愿服务制度，大力开展邻里互助服务和互动交流活动，更好满足群众需求。

众所周知，基层社区面对的社区治理问题往往错综复杂、千头万绪，而可倚仗、调动的资源却是碎片化、相对有限的。联动就是社区工作者作为治理主体，力求将社区治理相关各方的资源整合起来，联合实施治理行为、共同解决治理问题。疫情暴发以来，社区工作者对联动的认知和需求更加强烈，唯有多方治理主体共同参与社区疫情防控，才能实现有效治理。

而从运营社区的思维层面理解，联动可以有效降低社区治理的成本，联动也是促进社区生态中各个要素从陌生到熟悉再到形成合力的有效方法。因此，社区、社会组织、社会工作者、社区志愿者、社会慈善资源等五种要素联动形成的“五社联动”模式，也是推动社会治理体系和治理能力现代化的重要力量，多方共治、联动联合，服务于基层社会治理。

联动的重要性不言而喻，具体怎么操作？

接下来，我们将尝试从有初心、有组织、有章法、有路径、有激励、有盟友、有外援、有资金、有愿景九个方面，给到大家一些“锦囊”，希望能提供一些方法和思路。

锦囊一　联动“有初心”　群众路线：为了群众 依靠群众

说到社区治理，不得不提到 20 世纪 60 年代初，浙江省诸暨市枫桥镇干部群众创造的发动和依靠群众，坚持矛盾不上交，就地解决，实现捕人少、治安好的“枫桥经验”。

2013 年，习近平总书记就坚持和发展“枫桥经验”作出重要指示，把“枫桥经验”坚持好、发展好，把党的群众路线坚持好、贯彻好。

同年，浙江省嘉兴桐乡组建百姓参政团、百事服务团、道德评判团，秉持自治、法治、德治“三治融合”、相得益彰的理念，自治为基，法治为本，德治为先，逐渐探索出“大事一起干、好坏大家判、事事有人管”的基层社会治理新格局。①

这个来自基层的探索，被写入了党的十九大报告：加强农村基层基础工

---

① 李丹等：《嘉兴：把“三治融合”发源地 打造成为全国示范地》，嘉兴在线网站，2018 年 5 月 25 日。

作，健全自治、法治、德治相结合的乡村治理体系。2018 年 1 月，中央政法工作会议明确，“三治融合”是新时代“枫桥经验”的精髓，也是新时代基层社会治理创新的发展方向。

三治的根基，正是自治，这是走好群众路线的另一重释义。

在枫桥，矛盾调处工作也在与时俱进。新时代的枫桥法庭，设立了诉讼便民中心，任何矛盾纠纷到法院，先经过诉讼便民中心纠纷劝导站、诉讼引导站、法律指导站和信访疏导站，实现诉前化解。多年来，枫桥法庭的案件调解率都达 75% 以上。①

无论如何创新，都离不开“为了群众，依靠群众”的初心与核心。

说到枫桥的调解工作，不得不提到在当地享有盛名的老杨调解中心。这个由群众牵头组成的社会组织，由退休民警杨光照继续牵头负责，带领 2 名村退休治保老调解干部，同时邀请具有一定工作能力和威信的各界人士作为特邀调解员，共同参与调解工作，群众问题群众解决颇有成效。“‘枫桥经验’根子上就是走群众路线，调解虽费些功夫，却是老百姓最服气、最有效的办法。”枫桥镇委副书记陈勇这样解释。

可以说，从“枫桥经验”到“三治融合”都表明，社区治理中联动的核心，就是要坚守“为了群众，依靠群众”的初心，坚持党建统领，深入践行党的群众路线，以群众需求为工作导向、群众参与为工作方法、群众满意为工作追求，联动党员群众、退休干部、社会组织等多元力量，不断增强人民群众获得感、幸福感、安全感，让人民群众成为基层治理的直接参与者、最大受益者和坚定支持者。

锦囊二　联动“有组织”　自下而上：自治为基 组织保障

坚定了群众路线，还要切实落到实处，在基层，“政府一厢情愿，老百

① 陈景民：《风雨嬗变 历久弥新》，《新农村商报》，2013 年 9 月 18 日。

姓不买账”的现象时有发生。怎么办?

率先提出“三治融合”的嘉兴桐乡给出的答案是——自下而上，居民自治。而激发群众的自治热情、建立自治制度、依托组织载体，更是自治的根基，也是开展基层社会治理的基础。

如果不是亲眼所见，人们很难想象这样的景色铺展在一个村庄里——波光潋滟的京杭大运河穿村而过，褐砖红瓦的三层联排新居枕山襟水，茵茵草地错落有致地点缀其间，五颜六色的鲜花竞相绽放。这里，是桐乡崇福镇南阳村南苑阳光城小区。

这般美好，离不开村民的自治组织——百姓议事会。

2013 年，南阳村在推行“三治融合”时成立了百姓议事会，11 名议事会成员由党员代表、村民代表、村民小组组长等组成，“遇到涉及村民利益的事，百姓议事会总要先过一遍”。

2014 年规划建设现代物流园区，村民们没有等分到新宅基地各自建房，而是在议事会上提出：能否像城里小区那样统一规划，大家一起建房?

在镇里和专业律师都给出肯定答复后，南阳村很快在百姓议事会的基础上，成立了由村干部、老党员、村民代表等组成的业主委员会，南苑阳光城的规划设计、施工建设、物业管理，均由村民自主协商议定。

规划自己的家园，村民们分外上心，要美观，要实用，还要方便，每个细节都贴近需求，几次议事会下来，设计图改了又改，积累起厚厚一沓。虽然方案数易其稿，工程进展却十分迅速：从启动建设到竣工分房只用了一年半。

家园怎么建，一起商量。环境怎么维护，也一起讨论。乔迁之初，曾有村民在绿化带里拔草种菜，如何兼顾小区管理要求和村民生活习惯?经百姓议事会讨论形成共识，决定将小区不远处的一块荒地辟为农耕园，村民只要承诺不在小区内种菜，每户即可免费获得 20 平方米菜地，获得村民高度认可。

我们看到，从议事会到业委会，村民自治总是依托于自治组织而开展。在社会组织中开展自治自管，公事公办，村民们有了归属感和成就感，自治热情更加高涨，而各项自治组织制度也在不断健全。

近年来，桐乡市着力厘清自治组织职责，建立城乡社区工作事项准入机制，梳理出基层群众自治组织“需依法履行的 36 项事项”和“需协助政府工作的 40 项事项”两份清单。同时，将适合市场及社会组织承担的服务交由市场和社会组织承担。目前，桐乡市注册登记的社会组织 558 家、备案的 2846 家，并培育出“乌镇管家”“梧桐义工”等社会队伍品牌。

如果说政府治理是经线，社会组织是纬线，经纬交织的治理网格才更牢不可破。社会组织参与社会治理，改变了政府一元的管理制，从一元走向多方。而组织保障则让居民自治在其依据和依托之下，更加欣欣向荣。

锦囊三　联动“有章法”　上下闭环：机制保障 常态发展

自下而上地发动和参与，是形成联动的第一步，而想要让联动可持续化，则需要进一步总结经验、完善制度、持续发力、保持活力。

前文中提到的重庆南津街街道，为破解“三穷”现状，也进行了一场自下而上的居民自治。在一场居民大会上，几位业主代表的理性发声获得了更多业主的支持，也引起了街道社区的注意。原来，这几位业主代表均是机关事业单位的退休和在职党员，这一发现启发了新思路——“能不能让在职党员在社区治理中发挥一点作用？”

经过前期摸底，南津街街道办发现辖区仅在职党员就有 7000 余名，涉及 79 个单位。于是，街道办依托区城市基层党建联席会议制度，以社区党委牵头，与辖区内单位召开党建联席会，协商签订“共建项目清单”，将在职党员和辖区单位“联动”起来。

一年多时间里，南津街街道 7000 余名在职党员，对 2.5 万余户居民进行“包户”，并积极发挥优势，为社区建设献计献策、引入资源，甚至解决了有些看似无法解决的社区难题。

基层有了好的探索，区里开始准备复制推广，但复制不能盲目，要充分考虑可能存在的问题：在职党员参与基层治理，能够走多远？如何保证他们参与志愿服务的效果？其本职工作和志愿服务之间又要如何取舍？

这些问题，在南津街街道的不断探索，以及合川区的大力支持、反复调研中，逐渐有了解决的思路。

经过近3个月的集中调研酝酿，合川区委组织部向全区各级党组、党委、党组织下发文件，给出了全区机关及事业单位、国有企业在职党员到居住地社区报到参与社区服务和治理的实施方案。方案甚至明确给出了社区报到的具体要求：所有在职党员须先持本单位党组织出具的报到单，回到自己居住地社区党组织报到，报到后要详细填写党员基本情况，而且要写出每位党员的专长爱好，然后还必须将回执单交回本单位党组织。这些要求就有效提高了报到质量。

有了高质量的“报到”，有了在职党员的基础信息，自此在8小时工作之外，社区在职党员就要服从社区党组织安排，参与完成社会治理等相关工作。为了做好激励与约束，社区党组织还定期与单位党组织沟通交流，单位党组织根据社区反馈情况，建立在职党员服务档案，作为考核评价的重要参考。随着在职党员到社区报到参与社会治理进入常态化、制度化阶段，他们在基层治理中真正发挥了先锋作用。至此，这项起于基层的工作模式，通过自下而上的探索实践，经过总结提炼后，迅速转向自上而下的推广和普及。也正是因为有了合理有效的制度保障，才能使这一“上下闭环”的创新模式得以走得更远更稳，惠及更加广泛的基层一线。

锦囊四　联动“有路径”　搭台赋权：细化指标 责任认领

联动的目标对象，不仅是广大社区居民，还包括辖区内的社会单位。同为“五社”中的重要成员，如何才能将单位资源引入本地发展建设中？

其实很多时候，辖区单位并不是对地区建设全然无心，而是不知要如何参与。传统情况下，社区联系社会单位的方式比较单一，无非上门登个记，留个电话，便没了下文，或者只是需要临时沟通。这种单向、“突袭”式的联系方式，并不能真正激发社会单位参与本地公共事务的热情，也在一定程度上限制了社会单位承担社会责任、发挥自身优势。

有没有更好的方式？

北京市西城区广内街道给出了自己的答卷——积极探索党建引领社会治理创新的实践，搭建平台，细化指标，为辖区社会单位承担社会责任给出明确、细致、可操作的路径。

2018 年，广内街道依托“街道—社区”两级党建协调委员会，构建“红墙同心”社会公共责任体系，为辖区企业设置“5+N”项一级指标，包含党建、安全、环境、共建和公益共 5 方面以及地区重点工作，企业可依据此指标完成相应任务，每年自评后，再由居民和专家评审团共同为其评星定级。

为了调动企业参与的积极性，增强趣味性，街道和社区还会策划丰富多彩的“红墙同心　我们在行动”系列践行活动，为辖区单位提供参与社区建设、服务社区居民的机会和平台。

2019 年项目升级，街道、社区联合发布了“红墙同心”社会公共责任体系十大项目、275 个子项目，获得辖区近百家单位积极认领。

有了力所能及的明确目标，相当于降低了参与社区建设的门槛，辖区企业纷纷站出来，发挥自身优势，服务地区居民，为地区发展贡献力量。

可以说，搭建“红墙同心”社会公共责任体系成为街道、社区开展联动的有力抓手和载体，有效促进辖区社会单位、社会组织等主体与社区党组织形成合力，进一步形成广内街道、社区党组织纵向联动，社区、单位、行业横向同心的党建机制，不断畅通社会单位参与社区建设的途径。

体系建立了，还要有持续不断的运营维护，通过宣传、走访、评级、活动等，不断在地区营造“红墙同心”社会公共责任文化氛围，强化主体意识和责任，提高社会单位履行社会义务、担当社会责任的自觉性和主动性，以此有效整合了辖区单位资源，真正实现“联动”。

低门槛、有针对、细规划、强运营，让辖区单位不再是社区建设中的旁观者，而是也能真正参与进来，成为联动中的重要成员。

锦囊五　联动“有激励”　良性回馈：好人好报 有德者得

各方力量动员起来了，但真正长久有效的联动不能仅凭热情，还需要整个社会的支持和认可，需要让热心保持热度，让好人幸福欣慰。因此，激励回馈机制的建立完善和良性运转尤为必要。好的“联动”，从来都不是单一化的通知接收，或是一味付出，而是要有积极参与，也要有正向回馈。

同样在桐乡，同样是基于“三治融合”，崇福镇民利村村民薛纪荣在无抵押、无担保的情况下，凭借人品口碑，拿到了5万元“三治信农贷”贷款，理由是“薛大姐待人有情有义，对儿子不离不弃，得到社会广泛认同，被评为桐乡市道德模范”。

“三治信农贷”是桐乡在“三治融合”基层社会治理基础上推出的一款普惠型金融产品。2018年，桐乡市委组织部与桐乡农商银行联合启动“三治信农贷”试点，创新贷前信用评定机制，让有创业创新意愿的农村群众凭借好口碑、好家风等就能获得纯信用贷款。截至2021年6月，桐乡市“三治信农贷”已完成授信11.9万户，累计向2.49万户发放贷款66.53亿元。

“三治信农贷”给予的不仅是资金支持，更是对村民做好人、行善举的肯定和鼓励，让好人有好报，让有德者有得。而这种肯定和鼓励，也在不断规范完善。

2020年9月，桐乡发布“三治融合”积分管理实施规范，将对“有德者”的定性评价转化为更具可操作性的量化赋分，通过积分兑换相应物品和服务的办法，引导鼓励群众加强自我管理、参与公共事务、增进邻里互助。

无独有偶。作为全国建设新时代文明实践中心试点，浙江桐庐2019年出台了《桐庐县优秀志愿者守信联合激励办法（试行）》，志愿者在桐庐服务时间累计 100 小时以上，且近 3 年内无不良信用记录的“志愿汇”APP（团中央推广的志愿服务平台）注册志愿者，可以享受包含教育就业、社会保障、金融综合、文化生活、荣誉表彰 5 个方面的礼遇政策。如年度内志愿服务时间满 600 小时及以上，每人可获得 16 张文旅消费券、5 张景区免费游览券、5 张文化消费券、5 张体育消费券、1 张民宿免费消费券等。

不管是德育引导，还是志愿服务，想要行稳致远，就要建立相应的激励回馈机制，给予有德者、志愿者优惠公共服务、免费保险、技能培训、积分回馈等礼遇，让志愿者越干越有劲，感受到“好人有好报”。

对个人如此，对单位也如是。广内街道的“红墙同心”项目也充分考虑到了对辖区单位的回馈机制。每年，街道会为积极承担社会责任的单位提供近 10 项的回馈服务，其中包括事务办理绿色通道、面向公众加大正面宣传等，让辖区单位承担社会责任有依据、有途径，更有回馈、有收获。

毕竟，良性的回馈，也是一种共赢，而共赢，才能走得更远。

锦囊六　联动“有盟友”“跨界”结盟：共治共赢 良性循环

共识是前提，共治是行动，共赢是结果，这样才能达成良性循环。不管是共识、共治还是共赢，都有一个“共”字，而“共”的主体，往往丰富多样。参与社区治理的主体越多元，联动效应才能越平稳、越有效。

党组织、物业、商户、居民，都是一个社区里看似独立实际互相关联的群体。在北京大兴区的清源街道，这些群体因为一个“物商联盟”，被真真切切地“联”在了一起，通过培育这个“跨界”的自治组织，共探治理新模式，让各个群体之间达成良性互动。

2021 年 6 月，在清源街道的大力推动下，彩虹新城社区“物商联盟”自治小组正式成立，通过让物业和商户结成“联盟”，街道、社区充当监督员、服务员，社区自治组织来做管理员，通过红榜激励、服务回馈的激励形式，构建内生性的自治组织治理体系，并更好地服务居民。

对于基层治理的重要任务，联盟中的每一类成员都要参与其中，并明确权责。以创建文明商圈为例，物业、业主、商户三方共同签订《安全责任书》，该商户做到位的，定标准立期限，由街道统筹、“联盟”督办、物业巡查；该物业服务的，未诉先办，及时处置隐患；需要业主作为的，明确引导，建立隐患上报渠道，培育“主人翁”精神。三个责任主体合力，增强社区“共生感”，共同助力营造安全经营氛围。

履行了责任，收获也随之而来。

对商户来说，社区、物业、邻近商家进了同一个群，有事随时沟通，信息透明对等，宣传平台为优秀商家服务造势，进社区的通道也打通了。

对物业来说，需求明确了，服务更有针对性，日常服务被更多商户和业主看到，工作获得了更多的配合度和认可度。

对居民来说，有责任的优质商户一目了然，有问题直接提，见效更快，而且商户夜晚扰民、环境脏乱差之类的糟心事少了，商户出力提供便利帮忙解决公共问题的好事多了。

对街道、社区来说，商户—物业—居民有了自治自管的平台渠道，辖区营商环境更加文明、诚信、安全，邻里环境也更加和谐。

在社区共同体的打造中，从来没有孤岛，不管是哪一种形态的社区成员，都应在社区建设中找到自己的位置。而这个过程中，需要社区主动搭建平台，吸引多方主体共聚一堂，发挥优势，互相成就，“联”起来，“动”起来，“赢”起来，才能保持长久活力，实现“美美与共”。

锦囊七　联动“有外援”　社会企业：商业逻辑 专业运营

联动的对象，并不局限在本地。除了将优质的本地资源“挖出来”，也要将契合的外部资源“引进来”，专业事交给专业机构、专业人，才能不断强化社区服务能力，提升社区发展活力。

说起专业机构，不得不提到近年颇受热议的新型组织——“社会企业”。

社会企业是兼具社会属性和经济属性的新组织类型，通过商业化运作获取利润，并把所得利润用于扶贫救弱、生态保护、社区发展、教育卫生等社会公益目的，目前已成为创新公共服务和社会治理的重要工具。

引入枢纽型社会企业，支持其作为综合“运营方”和资源“整合者”，正是成都市成华区在“商业化逻辑＋专业化运营”的整体思路下，持续探索社区自我造血和服务品质“双提升”的新路径。

以该区保和街道和美社区为例，在社区发展治理中坚持把全链条商业化逻辑植入社区综合体运营全过程，已成功链接了35家社会企业、社会组织进驻社区，采取“公益＋低偿”的方式提供服务，形成了“服务—发展—服务”的可持续良性循环。

而和美党群服务中心和文体活动中心的运营方，就是一家名为“创女时代”的社会企业。入驻自带项目，专业艺术体验进社区，针对社区老人的舞蹈、唱歌，针对社区孩子们的英语、绘画……每周为居民提供的免费公益活动和课程多达数十个，涵盖的内容包含了家庭亲子、文化教育、文体艺术、康养护理、文创生活、农业生鲜6大板块。

这样，社会企业既让居民在家门口享受到了低价高质的专业服务，又让社会组织等服务主体自我造血维系运营，还让政府对社区载体运维扶持可以适时退出，真正实现了“政府提效能、企业得发展、群众享便利”的三赢效果。

为支持有意愿在成华区发展的初创社会企业发展，成华区还与本土社会企业四川一二三四圆梦科技有限公司合作，成立了成都市首个商业化运作的区级社会企业孵化平台，致力于社企孵化、课程研发、供需平台搭建、社会资本链接、学术理论研究等社会企业孵化培育工作。平均每年在孵企业不少于15家，企业毕业后落地社区服务的社会企业不少于50%。

北京也出台了关于促进社会企业发展的意见，力争到“十四五”末，形成服务管理规范成熟的工作体系和支持体系，认定的社会企业超过300家。

在扶持方向上特别提到，支持社会企业入驻街道（区域）党群服务中心、社会动员中心等，参与地区社会治理相关工作。按照“公益＋市场化”理念，支持社会企业参与街道相关服务平台的运营管理。同时，鼓励社区为社会企业参与社区服务管理提供活动场地、宣传等便利条件。使用社区公益金、社区党组织服务群众经费等有重点地支持社会企业开展社区服务。

期待更多优质的社会企业加入社区治理中，精准解决社区需求，大力盘活社区资源，推动社区业态活力。

锦囊八　联动“有资金”　社区基金：多方投入 规范监管

在“五社联动”框架中，社会慈善资源属于资源型要素，为其他“四社”主体的行动提供物质和资金动力。而社区基金是社会慈善资源的重要载体，也是推动“五社联动”有效运转的重要抓手。①

如果仅仅依靠政府购买社区服务项目，一是资金有限，二是项目年度制会带来一定的不确定性，导致服务难以持续。

而社会慈善资源的引入，则为其破题提供了新思路：打破社区服务单纯依靠政府资金的桎梏，拓宽社区资源获取渠道，构建多元化的资源供给路径。

具体如何做？且看成都成华区在社区基金方面的探索。

2019年，成都成华区作为全国街道服务管理创新实验区，开展了主题为“街道社区资金保障机制创新”的实验，以此为契机成立了成华社区发展基金会，并引导有条件的社区建立社区基金，加强社区基金对社会组织和社会企业的孵化培育，形成了社区基金和社区发展治理相互促进的良好局面。

具体而言，一方面立足于“稳”，强化政府资金基本保障功能。另一方

---

① 任敏、吕江蕊：《“五社联动”中社区基金的探索与实践》，《中国民政》，2022年第6期。

面致力于“创”，发挥社区基金的支持作用。通过多方主体捐赠、资金定向募集等渠道有效链接多方资源，并且推出了“星火计划”“领路人计划”“菽香小厨社区老人助餐”等社区治理新项目，公益资金投放更加精准有效。

同时放眼于“联”，实施政企共建叠加放大效应。政企共同投入、协同推进企业生活区改造、老旧院落整治、环境配套提升等工程，探索出政企良性互动、复合共治新路子。

资金投入多元化，更需要规范有力的监管制度作为保障。

成华区坚持以人为本、廉洁高效，以基层需求为导向，以优胜劣汰为原则，完善资金投放制度，建立以奖代补制度，健全资金监督评估机制。让服务主体能自我造血维系运营，最大限度降低政府投入成本；分级进行规划设计评审为晋级优秀的社区持续提升，匹配项目设计和项目建设专项经费；突出以人民为中心，共筑“全民监督墙”，强化底线思维，共织专业评估网。

由此，通过党建动员叠加社区基金撬动，多方联动不断增强，基层治理从“独角戏”变成了“大合唱”：通过参与街社资金的筹集、管理、使用和监督，居民的“主人翁”意识进一步觉醒，自治动能加强；社会力量参与机制畅通，各类企事业单位、社会组织、社会企业、群团组织等主动参与区域发展，助力社区解决问题、提供服务，社区发展所需外部支持显著增强。

南开大学教授唐忠新指出：成华区的经验做法具有启发借鉴意义。在市场经济日益发展和社会结构多元化的情况下，构建以政府财政投入为主，社会力量多方投入相补充的街道社区资金保障机制，是加强基层治理体系和治理能力现代化建设的基础性任务和必然选择，也是“共建共治共享”的社会治理本质要求在街道社区资金保障体系方面的具体表现。

锦囊九　联动“有愿景”　熟人社区：联动的“诗与远方”

社会治理体系是综合性治理体系，需要发挥多方主体协同共治能力。联动则是要充分调动社会各方力量参与社会治理，统筹社会各种资源支持社会治理，激发社会治理活力，构建基层“群众自治圈”“社会共治圈”，推动形成矛盾自我化解机制，最大限度发挥社会治理效益，从而实现社会治理共识统一、行动协同、结果共享的社会化治理。

而在方法论层面，实现联动需要有围绕群众的初心作为核心，有坚持自治的组织作为载体，有规范合理的制度作为保障，有精细务实的路径作为“入口”，有物质精神的激励作为回馈，有互帮互利的邻里作为盟友，有专业的企业作为外援，有多元投入的资金作为支撑，才能走得稳健长远。

其实，换一个视角而言，所有的社区问题，归根结底，都是社交问题。增进邻里社交、打造熟人社区，才是打开社区治理大门最重要的那把钥匙。

而联动，从本质上而言，就是要重塑社区生态圈，使得社区中的不同主体都成为“熟人”：有社交习惯，有兴趣圈子，有事搭把手，遇事好商量。

正因为社区各主体之间的密切接触对增进感情具有决定性作用，在日常社区工作生活中，破除了以往党群之间、政企之间、邻里之间相互疏远、隔阂的壁垒，让大家从陌生人变成熟人，才能够真正构建起“没事常走动、有事共商量、困难有人帮、邻里一家亲”的新型熟人社区，形成具有良好联结和有效互动的高水平社区共同体。

可以说，联动的“终极目标”，就是实现熟人社区。这应该成为社区里多方主体的共同愿景，并通过各方的共同参与、共同努力去实现，这也是社区治理的“诗与远方”。

【从《意见》到实践】

在疫情防控中，“五社联动”机制曾在湖北省武汉市发挥了重要作用。在推进基层法治和德治建设部分，《意见》要求，发展公益慈善事业。完善社会力量参与基层治理激励政策，创新社区与社会组织、社会工作者、社区志愿者、社会慈善资源的联动机制。“五社”如何“联动”才能实现有效联动也是本节探讨的重点。

华中科技大学社会学院副教授任敏认为，“五社联动”的有效联动需要三个条件。

一是“五社”要素发展成熟。比如基层的街道、社区等有社工入驻，社区足够支持，社会组织特别是社区社会组织发展活跃，社区志愿者黏性高、积极性强。二是“五社联动”社区治理机制的内核是“五社”要素共享目标、思路互学、各就其位、协同行动、合作完成具体的治理和服务任务。在流程上，第一步，党建引领，选定特定的社区治理任务；第二步，社区“两委”提出任务和时间要求，且提供组织、资源等多方支持；第三步，社工对任务的实现计划和路径进行专业设计，并联合社会组织和社区志愿者作为实施力量，社会慈善资源则协助提供资源。至此，达成多方联动，以解决社区问题、提供社会服务、搞活社区氛围等。三是社工在“五社联动”中的专业支撑角色很重要。社工本身要足够专业，在社区有能力以专业理念和方法介入“五社”的联动过程。①

换个角度讲，“五社联动”本身是服务于社区治理的一个行动框架。其中，社工可以直接服务于社区治理，也可以通过培育社区社会组织和社区志愿者，或链接社会慈善资源来参与社区治理。

智动：开启数字社区新图景

智动，是智慧驱动，也是技术赋能。指社区工作者在社区治理工作中充分借助互联网、物联网科技，优化社区发展的智慧环境，提高社区治理工作

① 夏学娟、王思斌、徐选国、任敏、金美凤、任艳萍：《打造现代化的基层治理服务新格局（下）——解读〈中共中央 国务院关于加强基层治理体系和治理能力现代化建设的意见〉》，《中国社会工作》，2021 年第 24 期。

中的技术支持水平，进而对社区实现智能化管理和治理，以达到提高工作效能和精准性的目的，通过智慧化基础建设、信息发布等服务居民群众。

智动是社区工作者提高工作效率的有效手段，它可以为社区工作者提供精准数据。通过对数据的分析，使社区工作者有的放矢，从而提高效率。所以，当我们还在为社区治理的一些“老大难”问题犯愁的时候，其实，另一种悄然发生的变化，在以我们始料不及的速度，刷新着我们对社区生态和社区治理工作的认知。

智慧社区

人脸识别辨真伪，
居民办事少跑腿。
外出模式连保安，
遥控能关自来水。

走遍东西和南北，
小区安全如堡垒。
坐在家中游天下，
满足眼睛满足嘴，

智慧社区不白给，
大胆投入别气馁。
心想事成新时代，
百姓生活特别美。

在西安市临潼区秦陵智慧社区服务大厅的自助服务终端机上刷身份证、选择所办业务、点击打印、找社区工作人员盖章，不到 2 分钟，居民就可办好居住证明。陕西省西安市临潼区社区服务中心负责人说：“推出智慧社区的初衷就是简化办事流程，让居民少‘跑腿’，让数据多‘跑路’，不断提升居民生活的幸福感，推动社区治理现代化。”

同样，重庆两江新区礼嘉智慧小区居民马亚洲的日常生活里，智能门禁、数字物管等智慧生活场景也已经是常态。进出小区门需要人脸识别，短短 3 秒就可以刷脸通过；如果哪天突然下雨赶不回去，那也可以通过 APP 迅速联系物管帮自己收衣服；在这个小区，智能家居安防系统与物管联网，业主不在家时可开启外出模式，如果家里出现了陌生人的活动轨迹，系统就会自动触发警报，通知保安迅速上门查看……几十项先进技术在礼嘉智慧小区内集成应用，让居民生活更加便利。

智慧化社区建设，正在开启数字社区新图景……

国内智慧化社区建设的顶层设计

“十四五”规划纲要提出，推进智慧社区建设，依托社区数字化平台和线下社区服务机构，建设便民惠民智慧服务圈，提供线上线下融合的社区生活服务、社区治理及公共服务、智能小区等服务。智慧社区建设是智慧城市建设的重要组成部分，旨在充分利用物联网、云计算、移动互联网等新一代信息通信技术，为社区居民提供安全、舒适、便利的现代化、智慧化生活环境。

2022 年 5 月，民政部等 9 部门印发《关于深入推进智慧社区建设的意见》，其中明确提出，到 2025 年，基本构建起网格化管理、精细化服务、信息化支撑、开放共享的智慧社区服务平台，初步打造成智慧共享、和睦共治的新型数字社区。

当今，信息技术创新日新月异，数字化、网络化、智能化深入发展，在推动经济社会发展、促进国家治理体系和治理能力现代化、满足人民日益增长的美好生活需要方面发挥着越来越重要的作用。从“十四五”规划和 2035 年远景目标纲要，到《意见》《“十四五”城乡社区服务体系建设规划》等，都对充分应用大数据、云计算、人工智能等信息技术手段推进智慧社区建设提出过明确要求。

通过国家政策引导和各地创新，我国智慧社区建设取得了一定成效。智能门禁、一键报警、高空抛物监管，智能水电表、智能垃圾桶自动检测桶内垃圾……这些服务都是数字信息化在智慧社区建设中的应用。推进智慧社区建设，就是旨在充分利用新一代信息通信技术，为社区居民提供更加安全、便利的现代化、智慧化生活环境。打造智慧社区，要让群众爱用受用，真正满足居民的多元化需求。

此次发布的《关于深入推进智慧社区建设的意见》涵盖建设基本原则、建设目标的宏观发展蓝图和保障措施，提出集约建设智慧社区平台、拓展智慧社区治理场景、构筑社区数字生活新图景、推进大数据在社区应用、精简归并社区数据录入、加强智慧社区基础设施建设改造 6 方面重点任务，对未来一段时间各地智慧社区建设具有重要指引意义。

创新政务服务、公共服务提供方式，推动就业、健康、卫生、医疗等服务“指尖办”“网上办”“就近办”；聚合社区周边商超、物业、家政、养老、餐饮等生活性服务业资源，建设便民惠民智慧生活服务圈；大力发展电子商务，探索建立无人物流配送进社区……《关于深入推进智慧社区建设的意见》中提到的这些正在努力构建的数字化场景将为我们的生活带来重大改变。

国际智慧化社区建设的基本概况

2013 年，德国提出了基于物联网的工业 4.0。在此基础上，日本于 2016 年提出了一个新术语“社会 5.0”，它出现在日本内阁为期五年的《第五期科学技术基本计划》中，主要目的是最大限度应用信息通信技术，通过网络空间与物理空间高度融合，给人类带来富裕的“超智能社会”。“社会 5.0”已经成为日本政府科学技术政策倡导的基本指南。①

社会 5.0，是一个以人类为中心的社会。在这个社会中，任何人都可以享受充满活力的高质量生活。它是继狩猎社会（1.0）、农业社会（2.0）、工

① 周利敏、钟海欣：《社会 5.0、超智能社会及未来图景》，《社会科学研究》，2019 年第 6 期。

业社会（3.0）、信息社会（4.0）之后形成的超智能社会（5.0）。物联网、大数据、人工智能和机器人将成为实现社会5.0的基础。在社会5.0中，在网络空间中利用物联网平台在各个领域进行数据收集，形成大数据。这种大数据通过人工智能进行分析，并以各种形式将分析结果反馈给人类所在的物理空间中，将网络与现实紧密连接在一起，这使人们能更加高效准确地得到所需信息，同时做到了信息实时更新，给居民带来了更好的服务。在疫情之下，日本政府积极推动数字医疗服务、数字政府、无现金支付以及远程网络等领域的发展，这些都属于社会5.0的政策范畴。

中国香港自2017年底公布《香港智慧城市蓝图》以来，一直致力于落实蓝图下的各项措施，2020年发布的《香港智慧城市蓝图2.0》提出超过130项智慧城市措施。社区是城市的主体，智慧城市下智慧社区的发展为社区居民带来了极大的便利。

在智慧社区建设方面，新加坡的目标就是为居民提供一个安全舒适、便捷、现代化的社区环境，包括硬件和软件两个方面。硬件方面的投入有：修建装有电子车位监控系统的智慧停车场，在邻里中心安装智慧电风扇，根据环境温度、人流量和自然风势，自行启动或者调节风速等；软件方面的投入有：为居民提供一站式服务端口，居民只需要输入一个密码就可以享受到电子政务服务，包括住房申请、税务申报、工作许可、政府服务的意见反馈等，开发“一联通”系统，让每个居民都能智慧地参与到城市管理中。

智慧社区建设，实现三个转变

智动，微观上包括“智能工具”和“智力资源”两个层面。一方面互联网工具并非遥不可及，甚至可能就在身边，社区工作者要善用各种现代技术工具提高工作效率，为工作赋能；另一方面强调社区工作者主动性，工具不是万能的，要有利用“智能工具”、善用“智能工具”为工作赋能的意识。智动又能为现在的社区治理带来什么呢？浅层理解，能带来工作效率的提升、工作标准的统一；深层分析，智动的核心价值在于数据的收集、汇总、分析和应用，以“智动”推进社区智慧化建设。

社区治理过程中，我们在互动中发现需求；在联动中拿到工具；在活动中获取数据。所以智慧社区的创建使社区服务实现了“三个转变”。

拆柜台、建平台，从“群众跑腿”向“信息跑路”转变；

破封闭、谋融合，从“单打独斗”向“互联互动”转变；

填空白、疏堵点，从“有形覆盖”向“同心同向”转变。

并通过智慧党建、社区治理、社区服务、数字生活、智慧大厅、社区商圈六大应用模块打通服务群众“最后一公里”，实现便民、为民服务。

消除数字鸿沟，补齐智慧短板

2021年第七次全国人口普查数据显示，中国60岁及以上人口数量达2.64亿人，占比高达18.7%。与此同时，老年网民规模进一步扩大，“上网”已经成为许多老年人生活中绕不开的话题。根据CNNIC公布的最新数据显示，截至2021年12月，我国60岁及以上老年网民规模达1.19亿，互联网普及率达43.2%。[①]然而，在老年人的互联网世界里，不仅有数字化带来的便利，还有较多的数字陷阱和种种不适应。一份调查报告显示，74%的老年人仍旧在路边招手打车；在使用过手机叫车的老年人中，仅有20%的老人能够独立叫车。中国进一步步入老龄化社会，中国也经历了从2G到5G的信息化变革，数字鸿沟带来的巨大社会治理问题，造成老人与家庭、社会、时代脱节。2020年，新冠肺炎疫情的暴发更让老年人信息化社会融入问题凸显，健康码、无接触购物、线上挂号、居家娱乐更是给老年人带来了巨大的挑战，最新数据显示，在1.19亿老年网民中，能独立完成出示健康码/行程卡、购买生活用品和查找信息等网络活动的老年网民比例已分别达69.7%、52.1%

---

① 王亚晶：《老年人如何跨越数字鸿沟？》，《记者观察》，2022年第10期。

和 46.2%。[①] 越来越多的老年人认为学习网络操作十分有必要。为此，国务院发布《关于切实解决老年人运用智能技术困难的实施方案》，带动各级政府单位、行业的力量，切实解决老年人在运用智能技术方面遇到的困难。

补齐短板

老人其实未必老，
是否年轻要看脑。
消除数字大鸿沟，
这件事情可以搞。

不吃馅饼吃汉堡，
换个思维照样咬。
夕阳再晨有作为，
孙子爷爷同步跑。

道是春眠不觉晓，
小区处处闻啼鸟。
谁知夜来键盘声，
白发网红知多少。

老龄社会 30 人论坛发起成员马旗戟指出，此前传统意义上的适老化改造，一般是指家庭、社区以及交通和公共场所设施适老化改造或无障碍服务建设。在这个基础上延伸出来新兴的数字化适老改造即数字养老，其内涵非常广阔：包括医疗健康，护理服务，银发经济，数字科技产品和文娱、理财消费等，这些方方面面的场景有助于构建一个老龄友好型社会。

全国人大代表、美的集团家用空调创新研究院主任李金波观察到智能产品适老化改造成为热点话题。他提出建议，要制定家庭适老化改造标准，建

---

① 曹慎慎：《媒体融合的模式与形态分析》，《中国传媒科技》，2022 年第 5 期。

立智能家居适老化改造示范区。他看到智能家居产品使用具有城乡差异，需要因地制宜，因此也要对低收入地区加以补贴。另外，李金波认为，鼓励和支持各行业龙头企业牵头制定智能产品适老化设计标准，这样可以出现容易被老年人接受和应用的产品，比如具备大屏幕、大字体、大音量、大电池容量等适老化特征；优化操作界面，简化操作流程，提升产品人机交互体验。

在《“十四五”国家老龄事业发展和养老服务体系规划》中，除了政府兜底，普惠养老之外，还有大力发展银发经济，推动老龄事业与产业、基本公共服务与多样化服务协调发展，努力满足老年人多层次多样化需求的规划。具体落实下来，要加大发展壮大老年用品产业、促进老年用品科技化、智能化升级以及有序发展老年人普惠金融服务等。

在政府的积极引导下，以社区为主导，通过卫健系统辅助，利用市场主体的有限介入，在养老运营和业务由政府兜底的情况下，可以尝试做社区微养老体系。值得注意的是，一方面要在法律和制度上有依据，市场监管要延伸进公益领域，比如对数据的确权；另一方面要打破信息孤岛，实现信息共享，确保服务的公共性。

夕阳再晨公益组织从 2011 年起开始组织高校志愿者走进社区开展智慧助老服务，创始人张佳鑫是北京邮电大学青年教师，在北邮求学期间就发起了“夕阳再晨老年人科普计划”，为老年人教授电脑、智能手机的使用以及媒介素养课程。夕阳再晨的服务也逐渐从一所高校扩展至全国 100 所高校，将智慧助老服务规模化，搭建青年助老志愿服务的新公益平台，突破传统的单点、个案式的服务模式，开创一套新的全流程、全链条、全生态的超大规模社区志愿服务工作方法，系统性地解决老年人融入信息化社会的问题，组织青年志愿者走进社区、服务老年人。

项目通过独创的 3 级孵化体系孵化高校志愿服务力量。通过“联络机制、服务保障、活动流程、动员方法、岗位设置、服务实操、培训督导、表彰激励、团队管理、讲师培育”10 大孵化内容，为上百所高校提供全流程孵化，设立项目管理师、服务规划师、卓越讲师和团建督导师进行队伍岗位标准化建设。目前已经孵化上百支高校服务队，每年在超过200个社区落地开展超过2300场社区助老服务活动，累计参与志愿者人数超过10万人，覆盖全国500余个社区，帮助老人上百万人。

打通“数据孤岛”，任重道远

智慧社区大有可为，但其探索建设还有很长的路要走。例如，一方面，我国社区情况复杂，需要因地制宜，分类规划建设策略和重点，各类老旧小区相继启动智慧化改造，新建社区开展智慧化提升；另一方面，智慧社区不仅是智慧城市建设的重要组成部分，还涉及家居、楼宇、安防、物业等多个系统，这就需要协调推进，直击堵点、突破难点，打通“数据孤岛”。

科技贴心，生活才能更舒心，才能真正智“惠”于民。坚持以人民为中心，坚持统筹规划、需求导向、安全发展，加快智慧社区建设步伐，探索更多可复制的成功经验，定能让社区更加和谐有序、服务更有温度，不断增强居民获得感、幸福感、安全感。智慧社区能够优化资源配置、完善社区服务、提升居民生活品质，但目前看来，也有一些短板要补齐。一些服务类应用和设施看起来“智慧”实则不好操作，华而不实；由于无人指导使用，还有一些居民对于智慧设备并不了解，智慧设施使用率因此不高，这就造成设备闲置和资源浪费；还有一些智慧社区项目协调和统筹力度不够，使得智慧社区治理链条不完整，难以发挥整体优势；还有一些技术应用和智慧项目处于试运营阶段，尚未形成成熟的管理和服务体系……总之，智慧社区建设非一日之功，有的智慧社区存在“重建设、轻运营[①]”现象，一些项目和服务难以实现日常化、常态化和长期化运行。

数据显示，2020年底，我国城镇社区数量超过16万个。作为智慧城市

① 罗珊珊、刘新吾、王珂：《智慧社区 便民惠民》，《人民日报》，2021年6月4日。

建设的基本单元，能够打通城市精细化治理“最后一公里”的智慧社区大有可为。如何看待智慧社区？我们要将其看作智慧城市建设过程中一个重要的单元，对居民来说，他们在智慧社区中将会有更多获得感、体验感。从传统物业到智慧社区，社区管理方式、管理人员结构都发生了改变，这种智能化、智慧化转型对智慧城市建设起到积极推动作用。业内人士认为，智慧社区应扩展业务，丰富社区服务种类。比如，整合智能家居、电商零售、信息通知等大量生活服务入口，充分应用智能化技术，使信息更精准，平台更高效，为用户提供更加智能的社区服务。

【从《意见》到实践】

随着我国经济社会的快速发展，城乡基层人口结构、需求结构、社会结构、产业结构都在发生快速变革，推进新时代基层治理现代化建设，既要“守正”，确保中国特色社会主义基层治理政治本色，又要“创新”，不断提高基层治理效能和服务质量，特别是要跟上现代信息技术发展的步伐，推动基层治理与互联网、大数据、云计算、区块链等深度融合，确保基层治理始终与时代发展和群众需要同频共振。在推进信息化服务上，“加强基层智慧治理能力建设”，就做好规划建设、整合数据资源、拓展应用场景提出明确要求：部署实施“互联网＋基层治理”行动，要求共建全国基层治理数据库，推动基层治理数据资源共享，根据需要向基层开放使用，要求推进村（社区）数据资源建设，实行村（社区）数据综合采集，做到一次采集、多方利用。要求提高基层治理数字化智能化水平，让数据多跑路、群众少跑腿。针对老年人学习使用现代信息技术的困难，《意见》还强调充分考虑老年人习惯，推行适老化和无障碍信息服务，保留必要的线下办事服务渠道。

智动：开启数字社区新图景！

活动：新型“熟人社会”的打开方式

邻里关系需要“破冰”

职场新人入职，面临的第一件事，很可能不是立刻投入工作，而是参与到一场培训中。而培训的第一个环节，往往是“破冰”。

不再陌生

鸡犬相闻不往来，
十年无话太悲哀。
红动社区要活动，
家家户户把门开。

破冰之旅一片白，
千万不要费疑猜。
低头不见抬头见，
携手高歌上楼台。

其实谁都有点才，
取长补短也应该。
陌生熟人新变换，
男女老少一起嗨。

“破冰”通常是教练通过做一系列的“小游戏”来引导，让参与者迅速融入团队，帮助改善人际关系、改进团队内部的沟通与信息交流，形成积极向上的组织氛围。

“破冰”，作为一种交际学术语，原指在航行水域上破碎冰块，以便船舶通航。后引申为培训当中的一项专业技术，打破人际交往间怀疑、猜忌、疏远的藩篱，就像打破严冬厚厚的冰层。

现在，我们把场景切换到一个社区中。住在同一小区、社区，并不相熟的居民，何尝不像进入同一企业，尚处陌生的同事。未来，他们是否能够缔造好的互信、互利、互助的邻里关系和社区环境，同样需要一场又一场的“破冰”。

就像教练利用“小游戏”来引导，我们必须充分利用“活动”这一载体和平台，拉近邻里距离，打破彼此隔阂，构建熟人社会。

活动是促成交往的“灵药”

在前几章，我们已经探讨过“一活五动”中的红动、互动、联动、智动，现在我们来了解最后“一动”——活动，以便在“一活五动”完整的理论架构中构建起提高社区治理效能的方法论。

活动，有着诸多含义。在本章，我们要探讨的“活动”范畴，则专指在社区治理中为达到某种目的而从事的行动。社区活动则是指以社区工作者为主导，有目的、有计划、有步骤地组织众多居民及多方治理主体参与的有助于形成良好社区文化、营造良好社区关系、构建熟人社区、促进解决社区问题的社会协调活动。

在社区，开展各类活动无疑是以构建和谐社区为最终目的，以加强社区群众文化建设为直接目的。但为何是通过活动呢？和谐社会并非桃花源式的理想社会，而是强调人与人之间的和谐关系。在这一前提下，我们才能够很好地解决彼此间的异议、矛盾、纠纷、摩擦。

马克思主义社会心理学认为，人们的各类关系都是在交往中才得以实现的，而“交往”则是人们在社会生活中共同活动的特殊形式。也就是说，当我们要营造某种关系，必然要先借助某种共同活动，来促进人们交往。

如此，我们要构建“熟人社会”般的人际关系又要做些什么呢？

熟人社会，这一概念最初出现在《乡土中国》一书中。费孝通先生在书中提到，“中国社会是乡土性”的，乡，并非特指乡下，土，也不是土气，而是情感和牵连。

时至今日，城市化已成为中国发展的趋势和方向，但“乡土社会”的思维和情感仍根植在我们的为人处世之中。而我们所期盼的“熟人社会”也正是建立在“乡土社会”的基础上。

乡土社会是熟人社会，是一个“抬头不见低头见”的社会，也是社会成员之间互相了解的社会。但传统的乡土社会是建立在血缘和地缘基础上的，血缘的联系，让彼此有了天然的好感和信任；地缘的存在，则让彼此自小交往，彼此熟悉，互相帮忙。

今天的社区，来自天南海北，有着不同背景和经历的人们，断然没有血缘和地缘的优势，如何让他们“熟悉”起来，产生情感的链接和彼此的信任，更需要营造各类丰富的场景，促进交往，实现陌生人社区向熟人社区的转变。而营造这种场景最为简便的方法和途径，便是举办各类社区活动。

新社工必修的一课

试想一下，作为一名社区工作者，你进入一个新的社区。如何尽可能高效地，与尽可能多的居民熟悉起来。打电话，上门拜访，接待来访居民……都可行，但似乎都不够高效，你很难保证给邻里留下深刻的印象。

那何不利用近期的节点，办一场有趣的社区活动呢？

例如，4 月 23 日的世界读书日，在鸟语花香的社区中，办一场户外诵读会；在社区图书室，举办一次亲子共读；借助社区的跳蚤市场，举办一次图书交换活动，或是联合本地图书馆或书店，举办一次“书香进社区”活动……你可以尽可能地发挥策划创意才能，整合所拥有的资源，结合社区的特点，办一场广受欢迎的活动。

在这个或许规模不大的活动中，你可以在签到的时候，了解参与者的信息，观察他们，了解他们之间的关系和偏好，与他们交流，获得他们对活动的收获和感受。你甚至有可能，认识第一批社区的积极分子、意见领袖，甚至第一批铁杆粉丝，有了日后再办活动的“基础用户”。即使活动失败了，你也能够反思，活动的“雷点”出在哪里，以后如何回避掉。

以上的情形，套用在搬入一个新社区的人身上，同样有效。参与活动，是我们与人建立交往，或找到同伴最为有用的方式之一。每一场活动，其实都在构建新的交往和互动模式。

所以，看似举办活动带来的种种繁杂，与其所带来的长远收益相比，不值一提，我们所需要的，只是掌握举办社区活动的方法和技巧。

我们要不断提醒自己，举办活动的重要性和长远意义，以此来对抗有时因举办活动没有达到效果而带来的无力感和挫败感，全身心且一以贯之地投入，以此举办一场场成功的活动，建立和谐的邻里关系。

我们也必须深刻地理解“活动”在“五动”中的重要性，才能灵活、恰当地使用“一活五动”的方法。

“五动”间有着怎样的关系？当我们在举办“活动”时，务必以“红动”为方向；当“互动”出现不良效应时，“活动”很可能化干戈为玉帛，消除不良影响；“智动”为“活动”带来更智能、更便捷的形式；“联动”则为“活动”的开展提供更充分的资源支持和力量调配。

“五动”缺一不可，而“活动”作为“五动”中的黏合剂，是社区治理的载体和平台，更是建设熟人社会的有效方法。

举办并非完美的活动

“活动”的重要性已然知晓，但如何组织一场受欢迎的活动，却是摆在社工眼前更为现实的问题。

说到举办活动的无力、无奈，似乎每一名社工都有所体会，“没有好的创意”“没有人参与”“没钱没时间没资源”“流于形式”……凡此种种。

借用罗曼·罗兰的话，世界上只有一种英雄主义，那就是认清生活的真相之后，依然热爱它。既然“活动”无可避免，且有诸多益处，那不妨“由内而外”去构建自己的一套方法论。

内在，放平心态，勤练内功。我们并非要做一场完美的活动。不要期盼，它能吸引人人参与，并受到广泛肯定。我们要做的，是办一场具有亮点的活动，哪怕是小小的一个点，也要避免活动流于形式和平庸。

有亮点，就必须要有创意策划。一提到策划，很多人就觉得很难。其实难，也不难。许多伟大的创意，看似灵光乍现，其实都建立在策划者大量地掌握材料的基础上。

对于社工而言，需要什么材料，练什么内功？

一是相“时”而动。常态活动按照节点推进，创新创意源于吃透社区治理的“时间表”。纵向以时间表为参照，横向多看看同样的主题活动，别人都有什么好点子，有没有好的创意能“为我所用”，值得我们学习借鉴。二是问需于民。留心社会热点、新事，社区的历史、特点，留心居民最近关心啥、需要啥。不妨以居民的朋友圈为突破，那里有他们最渴望展示的自我，那里有社区居民的真实需求。

如果还是没有创意，那不妨试着在活动中突出“我们”。

这里的“我们”既可以指社区，也可以是参与者。以世界读书日为例，在读书会中，选择一本与社区历史或特色相关的书，在阅读的同时加深参与者对社区的了解，那就比一本其他类型的书，更具特色；在跳蚤市场的布置上，事先搜罗一圈居民的“推荐好书”，邀请他们写在卡片上，并在现场进行展示。

这些“我们”的出现，让你的活动有别于其他活动。这样的不同就是亮点。它可能是活动的某个小环节，或是某个小场景。

虽微小，亦发光。

那向外呢？外，即是我们身处的环境，能调动的资源。地区单位就是资源的一种。结合单位的属性、特点，邀请其联办活动，就能借用场地、人力，甚至获得物质上的支持，让活动更具吸引力。但合作的前提，则是此前有良好的互动和联动，这就绝不是一时之功，而在于平日的积累。这也意味着，“五动”是环环相扣的，绝不能偏废其一。

退一万步，没有资源，这活动咋办？这也是让社工最犯难的。就算有最好的策划，但巧妇难为无米之炊。

但就像前面说的，我们并非要办一场完美的活动，而是在有限的条件下，做出一些亮点来。我们也不是要把场场活动做到极致，毕竟人的时间、精力都是有限的，而是有的放矢、抓大放小。

为此，务必要做好每季度，甚至全年的活动规划，所谓规划，就是把工作分主次，划重点。哪些工作点我们要先考虑完成度，争取优秀；哪些要全力以赴，做到极致。

如何划重点？一是随大势。每年，从中央到市区、街道，都会有一年的重点工作，其中很多都与社区活动相关。二是抓特色。盘点街乡特色、社区特点，北京市创建的“一社一品”，即一个社区一个品牌活动，其实就是围绕社区特色“下功夫”。当然，随着时代变迁，社区内部也可能有了深刻的变化，例如绿格腾退、农民上楼、新小区拔地而起，这就需要我们在日常工作中去敏锐地把握住社区特点的变迁和转移。三是盘资源。所握资源不仅指可以调度的人财物，还有来自街道以及社区领导、同事及其他相关人的关注和支持力度，这能让我们在行动遇到阻碍时，获得帮助。以上这些因素都能帮助我们去确定哪些主题活动，应成为当年的重点。

各社区人员不妨也给自己定下一个小目标，例如，每季度，至少做出一个有亮点的活动。同时，将小目标具象化，设置期望达到的具体指标，如活动规模、参与人数、影响力、满意度等。最后，付诸行动，做好日常的收集和观察，不断动态地调整。

这里还有个小诀窍，作为活动的策划者，试着先喜欢上你策划的活动，如果连你自己也觉得无聊，那就试着能不能让它有趣起来。

谁是活动“主人公”

社区活动不是主办方的“独角戏”，它的完成有赖于与参与者的良好互动。

那么，问题来了。为何参与者总是一些老面孔？与其说我们的活动总吸引到“老面孔”，不如说我们只请得动“老面孔”。如果总是“老面孔”，社区活动促成社区居民社交的功能就微乎其微了，我们需要尽可能多的居民参与到社区活动中，甚至是持续参与。

那问题出在哪儿？归根结底，我们没有搞清楚，谁是社区活动的主角。如果把活动视为一种产品，社区活动的主角就是我们的目标受众。而我们最需要搞清楚的则是目标受众的需求。

人有何需求，马斯洛需求理论说得非常清楚。马斯洛把需求分成五个层次，由低到高分别为生理需求、安全需求、爱和归属感、尊重和自我实现。应该说，社区活动尤其需要满足后三个层次的需求。

有的老人退休后，乐于参与社区活动，发挥余热，为何？他失去了单位人的身份和归属，又试着在社区中重新寻找自己的位置，满足归属感、尊重和自我实现的需要。因此，当我们开始策划一项活动时，首先要思考，需要满足什么需求，谁有这样的需求。探究居民的需求，“拍脑门”之外，更考验社工的“平日之功”。

如今，“问需”已经贯穿到日常工作中，领导们在走访慰问时，随时随地把居民的需求记在自己的小本子上回去研究。而对于日日与居民打交道的社工而言，居民的一言一语都不妨在脑子里过一下，所谓“说者无心，听者有意”，某一刻就成了灵感的来源。

需求千差万别，显然，没有哪项活动能同时满足所有人的需求。有居民说活动是“浪费钱”“没必要”。但潜台词是，“这类”活动的“没必要”，是因为我不需要。

我们要做的，是让一次活动至少满足部分人的需求。那么，首先满足“哪部分人”的需求？当然要视社区居民的特点而定，居民以老人为主还是以青年为主，以流动人口为主还是以拆迁农民为主，这些都决定了他们的需求会有很大的差异。

我们不妨试着找出其中的一致性，例如，去满足基于兴趣的需求。

兴趣是最好的老师，同样，兴趣也是最好的社交。这在互联网世界已形成共识。社交如何由浅入深，某社交软件的创始人就给出了自己的答案：兴趣社交，才是寻找到挚友的有效途径。

兴趣，让我们找到更懂自己的人。所以，当我们期待以活动去拉近社区居民之间的距离时，发展兴趣类活动无疑是好的途径。

居民的兴趣需求，套用经济学的名字，分为两种——存量的和增量的。

存量的兴趣需求，就是居民已经在表达和满足的。例如社区类的各种社区团队，书法班、舞蹈队、太极拳队……一个社区，如果有着众多活跃的社团，从氛围上是热腾腾的。

但这类团队的问题在于，一是少有专业人士指导，多为自娱自乐；二是参与者以老人为主，社团规模的扩展和活动形式的丰富性都会有较大的限制。

对于这类社团，要有分级的必要性，根据居民需求、规模、活跃程度等，划出优先级。在精力、时间有限的情况下，率先发展1—2个优质社团，逐步创建品牌。

一是引导其逐步走向规范化，协助其选出带头人，固定活动形式和时间，制定发展和奖励的机制，最终的目的都是从内部激发成员的热情，保持社团活跃的态势，进而去感染更多的人。

二是多给予社团“露脸”的机会也是很重要的。不仅限于让社团多参与社区的活动，经常亮相，也包括借助宣传品、授课等其他形式，让社区居民认识、认同社团的品牌，甚至以此为傲。

发展好各类现有的社团，至少保住了社区活动的“基本盘”。当你在组织一台消夏晚会时，至少已经有了丰富的“配菜”。更重要的是，一个优秀的社团，很可能成为“标杆”，引导其他社团看齐，逐步扶持更多的社团，就有可能形成优秀社团的“集群”，成为社区的品牌和骄傲。

增量的兴趣需求，即是现在还未发现和满足，需要我们去探索和发展的。发展谁？孩子们。

为何？一是孩子身后站着六个大人，满足孩子的需求客观上就满足了家长的需求；二是孩子的成长具有地域性，除学校以外的大多数时间，他们都在社区中，尤其是寒暑假，需要给予他们成长的空间和机会；三是现代家长会希望孩子具有一定的社区的归属感和服务意识，这既有来自学校的要求，也有期盼这样的经历成为孩子未来升学的背书和加分。

孩子们的兴趣，也有表、里两个层面。

一是表面的，也就是孩子自身兴趣，一个字——玩，聚在一起玩。去社区的小广场、附近的小公园观察一下，孩子们都在玩什么。跳绳、轮滑、躲猫猫，甚至在成人看来，就是无厘头地追跑、打闹。我们要做的就是把孩子们组织起来，个人展示也好，组队“PK”也好，引导他们为某个意义或目标努力。二是内里的，也就是家长的关注，渴望孩子的参与和展示，在社区得到一定的锻炼。

我们要做的活动，其实就是营造一定的场景，让他们玩得开心，同时收获和成长。从孩子到家长都满意。

这类活动首先考虑时间，例如，各类节点以及寒暑假。如果节点是在上学日，孩子们一般会在学校参加活动，所以可以侧重节日和寒暑假。北京市朝阳区双井街道居民的网上家园——“13 社区”成为社区建设的优秀案例，而它影响力最大的品牌活动之一，便是在寒暑假举办“美井少年团”社会实践活动，能吸引 3000 余地区家庭参与。

其次是类型，其实活动的类型并不局限。但考虑到孩子的特点，首要考虑才艺类和运动类的活动。社区消夏晚会邀请孩子们报名，展示才艺；全民健身日策划社区跑，引导健身。当然，做这样的活动，你最好是个“孩子王”，甚至有些才艺，能够寓教于乐。

如果没有，那也不打紧，社区中藏龙卧虎，有着大量的好老师，首先就是各位家长。在杭州滨江倾城之恋，小区里头一群爱跑步的爸妈们，利用上班前的一个小时，带着孩子们一周三练，每次两公里。

你要做的，就是当好“伯乐”，发掘带头人，提供支持。支持即是要调动起手中的资源做好招募，扶持其成长，扩大影响力。

到这里，我们又不得不回到“五动”中的“互动”。我们要尝试去做居民的朋友，不深入群众中，又怎么能发现“千里马”呢?

运营让活动持续“发热”

我们经常因为做活动感到疲惫，其中有个重要的缘由，再好的活动都像烟花，即使当下无比璀璨，也转瞬即逝，徒留漆黑的夜空，空虚与茫然。所以，我们的活动要像往池塘中投一颗石子，涟漪一波波荡开，影响越来越大，一波未平，再投一颗，让影响持续不断。

如何做到?搞好运营。

运营的概念最开始是出现在互联网的。因为线上用户很难链接，运营的目标则是通过各种活动和手段，持续增加用户的黏性。也就是说，活动只是我们触达社区居民的一种有效途径和手段，我们要以活动为切入点，持续激活居民参与社区建设的热情。

所以，当你结束一场活动，参与者走向你，夸赞活动不错时，你最要做的，不是谦虚地迎合，而是拿出事先就准备好的群二维码，邀请对方加入群，并表示以后还会举办类似的精彩活动，这样方便及时邀请他参加。

更好的方法是把这一环节前置到活动报名时，让那些有意愿的居民率先加入你的社群。甚至通过事先的沟通，去改进活动，以使其更好地满足居民的需求。

社群无疑是触达居民较为高效的工具之一。北京各社区在抗击疫情的战斗中，就以楼门为单位建立起了社群，以便及时告知相关政策和各类信息。

当然，不是把居民拉入社群就完事儿了，一个安静的社群不是好社群。我们不妨做好以下几件事儿。

一是做好用户画像。所谓用户画像是指根据用户的属性、用户偏好、生活习惯、用户行为等信息而抽象出来的标签化用户模型。通俗说就是给用户打标签。我们的用户画像就是要对居民有基本情况的了解。一些老社工见到居民，立马就能说出对方特点，在心里给对方做了标记。

二是定群规。活动社群的定位，虽然与楼门社群有很大的区别。但是没有群规约束，居民在群内随意发布信息，将带来许多隐患。这也是很多社区对社群“有疑虑”的原因。当居民将社群作为申诉或发泄的渠道时，可能会对社群定位造成冲击。

居民期盼解决问题值得理解，我们在协助其寻求解决之道的同时，强化社群的定位和功能。首先，明确群规，遇到类似情况，先挑明群规；其次，私聊本人，做好解释工作，提供解决问题的建议；最后，注意说话的方式和语气，以得到其他居民的认同和声援，共同维护好社群。

三是最重要的，给居民提供价值。如前面所说，运营就是等涟漪未平时，再投入一颗石子，持续不断地影响。活动不能天天办，但群的运营可以天天有。价值也可以是多种多样的，如福利、服务信息，当然，也得有的放矢，针对群成员的需求。正如法国作家安东尼·德·圣埃克苏佩里的《小王子》中所言：

因此，“让一个人去造一艘船的最好办法，不是让他去收集材料，而是让他对大海充满渴望”。最重要的，还是要给居民成就感和使命感。

在双井街道“13 社区”的建设中，有一个案例让人印象深刻。

在双井街道九龙社区，居住着两兄弟，智力相当于四五岁的孩童。自父亲去世后，身边便没有一个亲人，两人常年依靠捡拾垃圾和政府的补贴生活。

两人家中唯一的电视坏了，无法维修，九龙社区工作人员袁少春把这一情况发到了朋友圈里："各位朋友，谁家里有不用的电视机可以捐给这哥俩。"

这条消息一经发布就引发了爱心居民的关注，随后被转发到双井旧物交换群和双井邻里微信群。在微信群里，大家展开热烈的讨论，一位好心的邻居提议：要不咱们众筹再给哥俩买个新的吧。这一提议得到了大家的支持。

于是，一位志愿者发起了"一起为两兄弟圆梦"的众筹活动，计划给兄弟俩买台新电视，双井辖区的居民、社区工作人员、地区商家等都积极参与捐款。

最终，两兄弟获得了邻里的爱心馈赠，但对于邻里而言，他们同样有收获。因为一个共同的目标而努力，因为"赠人玫瑰，手有余香"的奉献而喜悦，他们收获了成就感。

之前，我们提到活动要让居民有所收获。现在可以更具象一些，最好的收获便是成就感，因为做一件事，而感到愉悦或者成功。可能是对自身价值的肯定，也可能是对某个群体的归属感。

这也是我们希望各类团体跳出"自娱自乐"，可以努力的一个方向。把单纯的兴趣延伸到为他人的服务和奉献中去。

跑步团的孩子们，可以沿路捡拾垃圾，为社区环境尽一份力；手工社团的阿姨们，可以制作靠垫，为冬日社区的室外椅添一份暖意……我们不妨试着给这些兴趣、爱好添一点儿分量和责任，让它更加厚重。

成就感源于创造力

之前，我们一直强调活动要让居民有所获，社工亦然。要让活动有持续的活力和生命力，最重要的还是"组局者"——我们的社区工作者。

"组局者"是什么？还记得武汉疫情期间的快递小哥汪勇吗？

他通过朋友圈发布消息招募志愿者，联系摩拜、青桔单车，对接滴滴，合力解决医护人员的出行问题；当发现医护人员吃饭不便时，汪勇又马不停蹄地继续“组局”，寻找合适的餐厅和便利店向支援团队和滴滴车主提供用餐，解决“吃饭难”；为保障医护人员日常生活，他又找专人购买羽绒服等保暖衣物拿给一线人员……这就是“组局者”，他能够通过各种途径组成很多“局”，发挥专业人士的力量，发挥市场的力量，发挥民间组织的力量。

社区工作者也该是“组局者”。政府、居民、物业、地区单位如何“联手”“互动”，很多时候都需要社工“牵线搭桥”。

与此同时，人们对人际交往中的互信、和谐依然向往，只是时代的发展，社会的变化，让我们的社工需要用新的思维和方法去追逐、成就这份美好。

所以，在社会建设专家、富有经验的社工帮助下，我们创造性地提出了“一活五动”的工作方法，希望能帮助社工成为各方的“组局者”。

从“活动”的解读来看，我们也能深刻地感悟到，“五动”并非孤立的，而是环环相扣，不可偏废。

“五动”更非停滞的、呆板的、封闭的，它更像是一剂催化剂，推动社工进行创造性的工作，摆脱日复一日的重复。

可以说，让我们的社工感到疲惫的，不是事情太多，而是简单、机械的重复工作。当我们走上社工岗位，怀抱着情怀和理想，但这样的工作消磨了我们的耐心，失掉了信心。

富兰克林说，幸福来自成就感，来自富有创造力的工作。要摆脱疲态，收获成就感，需要我们创造性地解决问题。

疫情期间，排查重点人员可谓是十分繁重且琐碎的工作。在宁波市江北区文教街道，社区 90 后年轻党员干部张鸿倩在接到排查通知的第一时间制作了防疫报备小程序。张鸿倩自制的这款小程序，可自主填报姓名、身份证号码、旅居史、疫苗接种情况、核酸检测情况等具体个人信息。她在后台能直接汇总情况，大大提高了居民自主排查的效率。

这就是创造性地解决问题。遇到问题不抱怨、不畏难，积极动用自身能力、可用资源，寻求突破，击破难点。

最后，当你感到困难时，或许正走在上坡路上，希望“五动”成为你身边最顺手的手杖，让你的脚步越发坚定、有力。

【从《意见》到实践】

“江山就是人民、人民就是江山。”

党的十九大提出，打造共建共治共享的社会治理格局，党的十九届五中全会进一步将其提升为完善共建共治共享的社会治理制度，深刻阐述了社会治理特别是基层治理“为了谁”“依靠谁”的问题。

《意见》围绕打造人人参与、人人尽责、人人共享的基层治理共同体的总体要求，对如何充分发挥基层党组织的领导作用、基层政府的主导作用、基层群众性自治组织的基础作用和社会力量的积极作用，作出了系统部署。在加强基层群众自治制度建设方面，《意见》紧扣习近平总书记提出的健全基层党组织领导的基层群众自治机制重要指示精神，对组织群众自我管理、自我服务、自我教育、自我监督提出了制度性、规范性、程序性要求。在加强社会力量参与机制建设方面，强调“创新社区与社会组织、社会工作者、社区志愿者、社会慈善资源的联动机制”。

从部署到落实，掌握务实创新的“活动”方法论，用具有黏合效应的“活动”为构建基层治理共同体助力，在拉近治理主体之间距离的活动中回答“为了谁”“依靠谁”。

本篇小结

城镇化进程不断加快的需要，城市社区的治理难度在逐渐加大。提升基层社会治理效能、稳固党在基层的执政基础、保持基层持续和谐稳定，意义重大。为此，“一活五动”着力从必要性、方向性和实践性方面进行深入探究，从认知、思维、方法三个维度进行提炼总结，努力为社区工作者高效能工作体系赋能。

急难愁盼

急难愁盼怎么办，
传统思维换一换。
一活五动金钥匙，
开锁动作很连贯。

五动围着一活转，
党员都是英雄汉。
人面大旗相映红，
抗疫敢打阻击战。

源头活水流不断，
风景这边真好看。
社区最后一公里，
万紫千红花烂漫。

聚焦必要性，关键是把握时代背景。一方面，社区管理的模式与过去有所不同，过去社会对人的管理模式主要是由单位管理的“单位人”，现在社会管理更多聚焦“社会人”，也就是说每一个人都活跃在一个大的社会群体中，这就要求我们必须围绕这些新的时代特征积极转变，从而努力适应新形势新阶段推进社区治理的发展需要；聚焦方向性，关键是强化党建引领。另一方面，要准确把握好社区党组织在社区治理中的职能定位，突出建立健全社区党组织领导体系，提升社区党组织领导核心地位；聚焦实践性，关键是精准科学施策。认识必要性、把握方向性，最终是要推进实践性。社区是城市治理的“最后一公里”，也是我们党服务人民群众的最前沿，要确保有钱办事、为民办事，努力推动实现“事无巨细不出社区”。“一活五动”，以问题、目标、效果导向，帮助社区工作者更好地解决居民群众的“急难愁盼”。

结　语

《意见》为纲，扣好社区工作者的第一粒扣子

从社区公共文化服务实践生发“中国出版助力中国之治”的初心，在疫情“大考”中见证400万名社区工作者冲锋在前的勇敢坚毅，也在社区韧性治理的思考中，生发了为社区工作者队伍提高工作效能赋能增力的愿望。

《红动社区》就在这样的初衷与思索里落笔。而点亮这份思考的是一份重要文件——

在我国实现第一个百年奋斗目标，并向全面建成社会主义现代化强国第二个百年奋斗目标迈进的重要历史时刻，2021年4月28日，中共中央、国务院印发《关于加强基层治理体系和治理能力现代化建设的意见》，提出力争用15年左右时间，基本实现基层治理体系和治理能力现代化。《意见》是推进新时代基层治理现代化建设的纲领性文件。《意见》的印发实施，对于加强党对基层治理的全面领导，构建党的领导、人民当家作主和依法治理有机统一的基层治理体制机制，提高基层治理社会化、法治化、智能化、专业化

水平，增强人民群众获得感、幸福感、安全感，夯实党长期执政和国家长治久安的基层基础，巩固和发扬中国特色社会主义基层治理制度优势，具有重要意义。

第一粒扣

阳光总在风雨后，
初心不改情依旧。
《红动社区》这本书，
一活五动全说透。

红星照我去战斗，
扣好社区第一扣。
基层自治有创新，
居民生活增福寿。

几十万字没读够，
许多观点好接受。
红动“两个一百年”，
共享花开元宇宙。

从《意见》到实践，“一活五动”化繁为简。梳理意见当中的主要内容，提炼社区工作者需要重点理解、践行的重点，我们把它概括为三个维度和“一活五动”核心架构——

维度一：认知层面，就是解决“怎么看”的问题

基层治理是国家治理的基石。习近平总书记强调，基层强则国家强，基层安则天下安，必须抓好基层治理现代化这项基础性工作。

《意见》明确界定了各界长期以来讨论的“基层”“基层治理”的内涵与边界。加强基层治理体系和治理能力的价值主要体现在三个方面。

一是基础性价值。基层治理是国家治理的根基，支撑着国家治理的大厦，强基固本，意义重大。

二是试金石价值。基层治理是国家治理成效的试金石。老百姓是否充分享有获得感、幸福感、安全感，社区是否实现活力与秩序并重，居民群众是"阅卷人"。

三是示范性价值。鼓励百花齐放式的基层治理探索和实践带来一批具有示范性、引领性、创新性的治理经验。基层治理创新，"高手在民间"。

【红动社区——认知篇】，我们通过为社区治理、社区工作者、社区居民做好时代画像，提升社区工作者的基础认知，引领社区工作者构建高效能社区治理工作体系。

维度二：思维层面，就是解决"怎么办"的问题

《意见》中明确的社区治理目标是：党建引领基层治理机制全面完善，基层政权坚强有力，基层群众自治充满活力，基层公共服务精准高效，党的执政基础更加坚实，基层治理体系和治理能力现代化水平明显提高。在此基础上，基本实现基层治理体系和治理能力现代化，使中国特色基层治理制度优势充分展现。基层治理的目标最终是通向人民幸福感、获得感的提升，以及社会文明进步的状态。

当社区治理进入精细化阶段，我们的社区工作者应该怎么思考问题，用怎样的思维模式考量我们的治理行为。

【红动社区——思维篇】力求通过跨领域思维模式为社区工作者"推倒思维的墙"。

维度三：方法层面，就是解决"怎么干"的问题

为了更好完成课题，主创组做了大量工作，一方面是面向基层社区的大调研，我们汇总了大量的社区精细化治理过程中的难题和案例；另一方面是

深入研读学界业界专家的专著，从中获得许多启发，更重要的是，在疫情大考面前，我们真真切切感受到了社区治理在疫情中的表现，有优势，也有短板。带着问题导向，带着为社区工作者打造高效能工作体系的思考，再重新回到《意见》对社区治理和社区工作者队伍的要求上来，我们原创提出了“一活五动”核心理论架构——

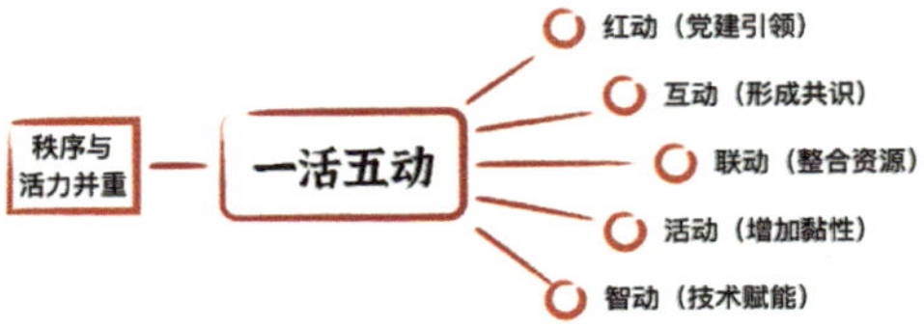

“一活”，对应的是《意见》当中特别强调的“基层自治充满活力”等有关社区治理良性表征的综合概括。好社区应该秩序与活力并重。

“五动”，分别是红动、互动、联动、活动、智动。

红动：党建引领

《意见》中明确提出，加强基层治理体系和治理能力现代化建设，必须坚持党的全面领导，不断完善党的领导，充分发挥党总揽全局、协调各方的领导核心作用。习近平总书记强调，社区治理得好不好，关键在基层党组织、在广大党员。推进新时代基层治理现代化建设，最根本的一条是加强党对基层治理的全面领导，发挥基层党组织战斗堡垒和党员先锋模范作用。一是《意见》明确党对基层治理的领导是新时代基层治理现代化建设的统领；二是《意见》将完善党全面领导基层治理制度摆在首要位置；三是《意见》把加强党的领导贯穿基层治理的全过程和各方面。

互动：形成共识

《意见》在加强基层政权治理能力建设方面，明确提出增强乡镇（街道）

议事协商能力。完善座谈会、听证会等协商方式。明确提出健全基层群众自治制度。增强村（社区）组织动员能力。健全村（社区）“两委”班子成员联系群众机制，经常性开展入户走访。

联动：整合资源

在加强基层群众自治制度建设方面，《意见》紧扣习近平总书记提出的“健全基层党组织领导的基层群众自治机制”重要指示精神，对组织群众自我管理、自我服务、自我教育、自我监督提出了制度性、规范性、程序性要求。在加强社会力量参与机制建设方面，强调“创新社区与社会组织、社会工作者、社区志愿者、社会慈善资源的联动机制”。特别强调“五社联动”。

活动：增加黏性

在推进基层法治和德治建设方面，《意见》要求要培育践行社会主义核心价值观，推动习近平新时代中国特色社会主义思想进社区、进农村、进家庭；健全（社区）道德评议机制，开展道德模范评选表彰活动，注重发挥家庭家教家风在基层治理中的重要作用。

智动：技术赋能

在推进信息化服务上，《意见》专设一章“加强基层智慧治理能力建设”，就做好规划建设、整合数据资源、拓展应用场景提出明确要求：部署实施“互联网＋基层治理”行动，要求共建全国基层治理数据库，推动基层治理数据资源共享。

【红动社区——方法篇】紧扣“一活五动”为社区工作者打造高效能工作体系。

推进基层治理体系和治理能力现代化建设是一项系统工程，下一步，中央组织部、民政部将会同有关部门抓好落实：特别是要结合实施“新时代基层干部主题培训行动计划”组织专题培训。本书正是希望通过深度解析《意见》相关要求，深度服务于社区工作者，更好落实《意见》相关要求，帮助社区工作者扣好第一粒扣子。

后 记

未来，社区工作者将会是一个高尚的职业，它因为全心全意为人民服务的属性而受到人们的尊重，因为得到尊重而获得荣誉感。未来从事社区工作的大多是年轻人，他们朝气蓬勃，充满了生机与活力，他们很重要的一项工作是服务于社区居民，他们的大量时间会用在建立社区居民之间强联系上面，用在满足社区居民精神文化生活的需求上面，用在建设一个充满活力而有秩序的社区上面。

未来的社区工作者很多是刚步入社会的年轻人，他们是单纯的，而社区工作是复杂的，它直接面对的是人。人是最大的变量，人有老中幼、心情有好中坏、事情有大中小，这些变量的组合演变出错综复杂的情境，如何面对、如何应对、如何化解？如何以不变应万变，如何我变随我变？这是所有社区工作者随时都要面对的实际问题，更是初级社区工作者必须要跨过的一道门槛。

《红动社区》这本书所阐述的理论并不高深，读起来浅显易懂。它有些像图书里的绘本，可以反复去读去体会，随着时间的推移、个人的成长，在不同阶段都会有新的感悟。它告诉我们什么是好的社区，好的社区的标准就是活力与秩序并存、活力与秩序并重、活力与秩序相辅相成。

活力是生命力和成长力。人们都愿意和积极的人在一起，能给人带来快乐和希望，活力是可以感受到的，同时也可以量化，随着时间的积累、数据的积累，活力可以有活力指数，指导社区工作。秩序是确定性，社区是每个人身心休憩的港湾，安全是第一位，确定性可以带来安全感。我们想象一下，忙碌一天回来，门口有保安、街边有路灯、垃圾有人管，回到家里，老人们告诉你白天有陪伴、孩子们告诉你社区有活动，这就是最大的安心。

对于社区工作者，尤其是刚入职的年轻的社区工作者，《红动社区》告诉你，全心全意为社区居民服务是做好社区工作的唯一法宝，做到了，你就会赢得社区居民的尊重与爱戴，你就会有荣誉感，同时，你的工作就会无往不利，就能够从根本上解决很多枝节上的问题，就能够大事化小、小事化了，反之，你在工作中就会举步维艰。因为，你的思想会影响到你的行为举止，你的行为举止别人是可以感受到的，一个眼神，既可以在瞬间融化你们之间的阻隔，也可以建立起一道不可逾越的鸿沟。有了全心全意为社区居民服务这个底子，遇到难办的事、听到难听的话就可以承受，就可以冷静处理，做到就事论事、解决问题，不会情绪化。

《红动社区》的核心理念是通过活动促进“熟人社会”回归，人熟了就会讲理，人一讲理事情就好办了。但是，“红动”是根，是所有活动的根，有了这个根，就可以做到“上面千条线，下面一根针”，一切皆可控，这个根就是党的领导，因为中国共产党的宗旨是全心全意为人民服务。

《红动社区》是给年轻的社区工作者打底子的一本书，告诉他们，要相信相信的力量！

陈庆一

中国图书进出口沈阳有限公司　总经理